"汉学大系"学术委员会

学术委员会主任

傅 刚

学术委员：（以姓氏笔画为序）

卜 键　左东岭　朱青生　刘玉才
汪小洋　刘跃进　周绚隆　赵化成
赵宪章　党圣元　高建平　常绍民
傅 刚　詹福瑞　锺宗宪　魏崇新

"汉学大系"编辑委员会

编辑委员会主任

曹新平

副主任

任 平　徐放鸣　华桂宏　周汝光

编辑委员会：（以姓氏笔画为序）

王 健　冯其谱　任 平　朱存明
华桂宏　岑 红　周汝光　张文德
郑元林　赵明奇　徐放鸣　顾明亮
曹新平　黄德志

主编

朱存明

汉学大系丛书

朱存明·主编

石上风华

徐州新见汉代画像石拓片选

朱浒 编著

生活·讀書·新知 三联书店

Copyright © 2020 by SDX Joint Publishing Company.
All Rights Reserved.
本作品版权由生活·读书·新知三联书店所有。
未经许可，不得翻印。

图书在版编目（CIP）数据

石上风华：徐州新见汉代画像石拓片选 / 朱浒编著
. －北京：生活·读书·新知三联书店，2020.10
ISBN 978-7-108-05864-5

Ⅰ.①石… Ⅱ.①朱… Ⅲ.①画像石－拓片－中国－汉代－图集 Ⅳ.①K879.422

中国版本图书馆CIP数据核字(2016)第320445号

责任编辑　成　华
封面设计　米　兰
责任印制　黄雪明
出版发行　生活·讀書·新知 三联书店
　　　　　（北京市东城区美术馆东街22号）
邮　　编　100010
印　　刷　江苏苏中印刷有限公司
排　　版　南京前锦排版服务有限公司
版　　次　2020年10月第1版
　　　　　2020年10月第1次印刷
开　　本　720毫米×965毫米　1/16　印张 15
字　　数　213千字
定　　价　68.00元

"汉学大系"总序

世界总是在不断地变化。历史上,有些文明消失了,有些文明则不断壮大,逐步形成了现代世界的格局。进入21世纪,世界格局面临新的调整,美国人塞缪尔·亨廷顿的《文明的冲突与世界秩序的重建》认为,不同文明的冲突将导致未来社会的对抗。这个观点值得警惕,也值得研究。做好中国自己的事,勇敢面对挑战是我们面临的任务。

中国文明发展了几千年,历史上曾经有过自己的辉煌,但是清朝后期,由于没有科学民主的现代理念,曾经落后挨打,令多少志士仁人痛心疾首。新中国成立后,经过一个甲子年的现代发展,中国又迎来了一个快速崛起的历史新时期。

中国文化现代性的发展,一方面要学习国外的先进经验,促进科学技术的发展与社会的进步;另一方面要不断回溯历史,在历史的记忆中寻求民族之根。当今世界的寻根与怀旧实际上都有现实的基础,它是民族凝聚力的根源。在回溯历史的新的阐释中,一个新的历史轴心期即将来临。

编纂《汉学大系》丛书就是为了探求中华文化的历史起源、学术源流、基因谱系、思维模式、道德价值等,为实现中华文化的历史复兴奠定基础。

"汉学",是一个历史的概念,因时间与空间的不同而发生变化。究其变化之因,皆因对"汉"字的理解与运用不同所致。"汉"字既可指汉代,也可指汉族,还可以作为中华民族的代称。"汉文化"可以指两汉文化,也可以代指中国传统文化。所以"汉学"一词在不同的语境中有不同的内涵,可以指两汉的学术文化,可以指清代的汉学流派,也可以指中国及海外关于中国文化的研究。具体来看,汉学研究范围以经学为中心,而衍及小学、音韵、史学、天算、水地、典章制度、金石、校勘、辑佚等,引证取材多集于两汉。"汉学"一词在南宋就已出现,专指两汉时期的学术思想。清朝汉学有复兴之势,江藩著《汉学师承记》,自居为汉学宗传。汉学又称"朴学",意为朴质之学。"朴学"重考据,推崇汉儒朴实学风,反对宋儒空谈义理。现代"汉学"或称作"中国学",自20世纪80年代以来,或称"海外汉学",是国外的学者对有关中国方方面面进行研究的一门学科。

梁启超在《清代学术概论》中提出清代汉学的复兴是对当时理学思潮的反动,其学术动力就是来源于复汉学之古;钱穆在《清儒学案》中认为,汉学的兴起是继承与发展传统的结果;侯外庐在《中国思想通史》等著作中认为,清代汉学思想的发展动力是"早期启蒙思想"。

在国外,相关的研究称为Sinology(汉学),有的称为Chinese Studies(中国学)。Sinology或Chinese Studies是国外研究中国的学术总称,它们具有跨学科、跨文化的特征,反映着世界范围内的学术变化及学术发展趋势。

在西方,主要是欧洲,严格意义上的汉学研究已经有400多年的历史。这一学科的形成,表明了中国文化所具有的世界历史性意义。从汉学发展的历史和研究成果看,其研究对象不仅仅是中国汉民族的历史和文化,它实际上是研究包括中国少数民族历史和文化的整个中国的学问。由于汉民族是中华民族的主体,而且汉学最初发轫于汉语文领域,因而学术界一直将汉学的名称沿用下来。汉学只是一个命名方式,丝毫没有轻视中国其他民族的含义。经过几百年的发展,西方汉学已经形成三大地域,就是美国汉学、欧洲汉学和东亚汉学。

21世纪以来,随着全球一体化的进程,国内外汉学的研究,又形成了一个热潮。在新的历史条件下,中国学术界也需要发出自己的呼声。海外汉学与中国本土学术只有进行跨文化对话,才能洞悉中国文化的深层奥秘;中国学人向世界敞开自己,才能进一步激活古老的传统和思想的底蕴。

因此，汉学是继承先秦诸子文化在汉代统一性国家建立基础上形成的中华民族的学术。"汉学"的研究中心是以中华民族统一性的价值观为主体，以汉语言为基础，以汉字为符号载体的文化共同体。汉文化是融合了不同民族、不同区域文化而形成的一个文化统一体。从人类文明发展史来看，这个文化与基督教文化、佛教文化、伊斯兰教文化有着不同的发展模式与价值体系。"汉学"作为中国传统学术流派的称谓，常常与"国学""经学"相混，也有人赋予"汉学"以新内涵，将国内的中国学研究也称为"汉学"，这可以称为"新汉学"。汉民族是历史上多民族长期交流融合的结果，历史上形成的汉语、汉字及独特的汉文化对中国文明以至世界文明都产生了巨大影响。汉学就是对建立在汉语、汉字、汉文化基础之上的中华民族的学术传统的学理性探讨。

中华文化在历史上就对世界产生过影响，中外文化交流一直是世界历史的一部分，16世纪以来，中华文化进一步引起了西方的注意，西方汉学研究也随之兴起。西方人的汉学研究是基于他们的文化立场，研究虽然取得了一些成果，但是也有一些误读。目前，时代赋予了我们新的历史使命，本课题就是基于目前中国的现实需要对"汉学"学术内涵进行的基础研究。

由于历史原因，一段时间内汉学研究在国外得到发展，国内研究反而滞后，国内外有些研究机构因此把汉学仅仅看成外国人对中国的研究，这无疑缩小了汉学的视域。西方有些国家从自身战略利益出发，正在通过各种渠道争夺中国的学术资源。今天我们有责任对民族文化进行深入系统的研究，为中华民族的现代复兴打下深刻的话语基础。文化是一个民族生存的基础，保护民族文化基因就是我们面临的一个重要的历史任务。

《汉学大系》丛书的编纂意在促进汉学的历史回归，它既是对汉学内涵的理论建构，也是对汉文化研究成果的学术汇编；既是对"国学"基因谱系的深度描述与重新阐释，也是对国外汉学研究历史的重新定位，更是在新的历史形势下对中国传统文化价值进行的一次新发掘。

目前中国的发展到了一个历史的转折点。过去我们大量翻译了西方的学术著作，促进了中国对国外的了解，也给新中国的建设奠定了基础；但是，长期以来，我们对传统文化否定破坏的多，肯定继承的少，中国传统学术在西学的影响下逐渐式微。现在中国面临一个新的发展机遇,就像西方的文艺复兴时代回归古希腊罗马文明一样,中国新的历史复兴将在恢复传统文化的基础上,指向科学民主繁荣昌盛的未来。

《汉学大系》丛书是关于汉文化学术成果的集约创新,既是对"汉学"内容的研究,又是对"汉学"内容的确定;既有深入的学术探讨,又有普泛性的知识体系;既有现代性的学科划分与学术视野,又有现代性的学术理念与学术规范。《汉学大系》旨在恢复汉代经学的原典传统,对经典进行现代性的阐释,从经学原著中深入挖掘对现代社会普遍有效的思想资源;明确中国汉学的智慧传统,为中国文化的复兴寻找历史的深度;以汉代汉学为正统,以清代朴学与海外汉学为两翼,深入探讨汉文化之源。

丛书将对汉学的内涵进行发掘、整理、探讨。将汉学历史的考据与研究同步进行;经典阐释与主题研究并重;历史的考据与新出土的文物相互发明;古典文献与出土简牍对应解读。以汉代的现实生活与原典为基础,兼及汉代以后的发展,参以海外汉学的不同阐释,通过比较来探讨汉学的真正内涵,寻求中华文化的话语模式,进而形成自己的话语权。同时,发掘中国的智慧,促进新观念的变革,促进社会进步,最终实现大同世界的美梦。

朱存明
2014年7月8日

序言

汉代不仅有一部文字记载的历史,还有一个图像表现的世界。

《说文解字》就产生于东汉。这部书对汉字的产生、来源、功能都做了详细的论述,并对每个汉字造字的文化意义进行了解释。

文字可以描述一个真实的世界,如《史记》《汉书》《后汉书》《淮南子》等,就记载了汉代波澜壮阔的历史风云画卷与汉代人的思想观念。但文字的记载总是有一种间接性,它的描述要靠人们的想象才能产生真实具体的形象。

汉画像是一种雕刻在石头上的具体生动的图画,它真实而形象地表现了汉代人的生活、思想、观念与理想。文字是一种象征性的符号系统,需要花很大的精力才能掌握;图像则是人类通用的语言。汉画像表现的世界,可以被最普通的老百姓所认识与欣赏。

对汉画像石的记载在汉代就有了,以后的历史记载绵绵不断。如宋代的金石学就有一些汉画像石的记录,但囿于当时的历史条件,这些记载只是一种侧重文字的说明。当时没有照相术与摄影术,也没有现代印刷技术,他们更加重视的是文字资料,图像自然被边缘化了。

清朝乾隆时期,黄易等人重新发现了山东嘉祥武氏祠堂的画像以后,对汉画像石的研究逐渐达到了一个高峰。这一时期出版了一大批涉及汉画像研究的著作,如翁方纲的《两汉金石记》,毕沅、阮元的《山左金石志》,黄易的《小蓬莱阁金石文字》,王昶的《金石萃编》,冯云鹏、冯云鹓的《金石索》，瞿中溶的《汉武梁祠画像考》等。这些著作对汉画像石图像的著录，或是刻画外轮廓线，或是用木板、石版仿刻汉画像，既不能表现汉画像石原石"浑沉宏大"的气势，又往往在细节上失真，虽对汉画像石艺术的传播起到重要作用，但毕竟离原作去甚远，只是一种"戏仿"，带有一种戏谑的稚拙色彩。20世纪考古学发达以后，对汉画像石的著录、出版、研究才渐渐走上正轨。特别是新中国建立以后，不仅出版了《中国汉画像石全集》《中国汉画像砖全集》，一些省、市、县还编辑出版了一大批图录。

随着中国社会的改革开放，各地大兴土木，开山劈岭、铺路架桥、盖大楼、建新城，不断从地下挖出许多新的汉画像石。由于不是科学的正式发掘，故往往散在各地。甚至一些不法分子盗掘汉墓，有的汉画像石被弃之不顾，也有一些汉画像石被民间收藏者收藏。

由于我从小就对美术作品有好奇心，又长年生活在汉文化的发源地之一——徐州，便对汉画像石产生了研究的兴趣。汉画像石所表现的汉代人丰富多彩的生活场景、神奇瑰丽的神话想象、拙雅浑朴的雕刻技法等等，都令我感到艺术性十足。其中的一些奇禽异兽、各类怪物灵异，也令我迷惑不解。

现在看来，汉画像石以其丰富多彩的现实生活画面，在没有摄影的时代，承担了摄影的功能。汉画像石以其瑰丽的想象与虚构，生动、具体、夸张、变形地描述了汉代人的理想世界，此中充满来自远古的神话传说与英雄故事，天地间的生物被灵性化了，各种奇禽异兽充斥其中，与人的行为建立起一种"天人合一"式的互动关系，虽然是一个想象的神奇世界，却表现出人与自然和谐相处的生态理念。

汉画像石被历史学家翦伯赞称为"绣像的汉代史"，被美学家王朝闻视为一种"难以匆匆理解的艺术"，被思想家鲁迅赞誉为"深沉宏大"。今天在"视觉文化""图像理论""图文互释"的理念指导下，汉画像石又以崭新的面貌进入人们的视野。

本书是一本极有价值的汉代图像史，选取了近十几年来苏、鲁、豫、皖交界处新发现的汉画像石图像，特别是一些在民间流传过程中被拓印下来的经典拓片，选材严格，可以补《中国汉画像石全集》的不足。

这个图集与以往出版的汉画像石著录相比有以下几个特色。

首先，选取的图像大部分比较罕见。其中近一半是没有发表过的，从而具有文献与史料价值。

其次，选取的图像都是在真实的汉画像石上拓印的。作者在见过原石确定其石头的真实性以后才去拓印，虽代价高昂，但保证了拓片的历史真实性。近年拓片造假的很多，有仿刻原石以假乱真的，有用水泥或者石膏翻模拓印的，这其中的奥妙，初涉此道的人或许并不知晓。

再次，所选汉画像石拓片，都是原拓装裱后照相制图，不是从其他资料或图库上复制的。拓片是一种再创造，每个拓工甚至每张拓片的拓印方式不一样，其艺术效果是不同的。汉画像石艺术的流传与鉴赏，自古以来，大都是以拓片的形式存在，张道一先生称之为"拓印画"，并且认为这种拓印画实为一个独立的艺术门类。

从整体上看，汉画像全面表现了汉代人的生活，是一部汉民族文化的形象史诗：从日常生活到神圣的信仰，从安居乐业到残酷的战争，从吃喝玩乐到衣食住行。为了读者理解方便，也为了研究者需要，本书把所选图像分为六大类：分别为神祇·仙人；人物·故事；灵异·祥瑞；生产·生活；车马·出行；建筑·装饰。分类的过程其实就是研究、确定、理解的过程，希望这个分类能对读者理解汉画像石、走进汉代人的生活起到导引的作用。

汉画艺术，格高韵古；中华瑰宝，民族之魂。

让我们走进汉画像的世界，去触摸汉代人的神奇世界。

朱 浒

目录

001　一　神祇·仙人

033　二　人物·故事

063　三　灵异·祥瑞

139　四　生产·生活

173　五　车马·出行

205　六　建筑·装饰

225　后记

一
神祇·仙人

汉代离古不远，汉代人还生活在神话构成的世界中。

汉画像中有大量描绘神话世界的图像。这个神话世界因为汉代轰轰烈烈的造仙运动又增添了仙化的色彩，我们可以将之统称为神仙世界的图像。

在这个神仙世界中，伏羲、女娲、西王母、东王公扮演着主神的角色，围绕在他们周围的还有玉兔、三足乌（三青鸟）、蟾蜍、九尾狐、羽人、龙、虎、凤、玄武、朱雀以及其他人兽同体的怪异形象，另外还有玉璧、华盖、仙草、车马、天门、天柱等其他形象，这些形象共同组成汉代的仙境系统。

伏羲、女娲是汉画像中最为常见的一对配偶神。

在神话传说中，伏羲、女娲最初是两个独立的神话人物。伏羲，在古书中亦作"伏牺""伏戏""包牺""庖牺"等等，是中国古代神话传说的三皇之一。《帝王世纪辑存》云："太昊帝庖牺氏，风姓也，蛇身人首，有圣德。"[1] 在神话传说中，伏羲的功绩主要在发明创造，除了造网罟、教渔猎这些日常生产生活的技能之外，还有一项重要发明即八卦。《易·系辞下》云："古者包牺氏之王天下也，仰则观象于天，俯则观法于地。观鸟兽之文与地之宜，近取诸身，远取诸物，于是始作八卦，以通神明之德，

---

[1] 徐宗元辑：《帝王世纪辑存》，中华书局1964年版，第3页。

以类万物之情。"[1]

女娲是中国人心中的始祖神、创世神,传说中她化生万物,《说文解字》说:"娲,古之神圣女,化万物者也。"[2] 她抟黄土造人,《风俗通义》云:"俗说:天地开辟,未有人民,女娲抟黄土作人。剧务,力不暇供,乃引絙于泥中,举以为人。"[3]《绎史》又云:"女娲祷祠神,祈而为女媒,因置婚姻。"[4] 因此她也掌管着婚配。在《淮南子·览冥训》中还记载了女娲补天的神话:"往古之时,四极废,九州裂,天不兼覆,地不周载,火爁焱而不灭,水浩洋而不息,猛兽食颛民,鸷鸟攫老弱。于是女娲炼五色石以补苍天,断鳌足以立四极,杀黑龙以济冀州,积芦灰以止淫水。苍天补,四极正;淫水涸,冀州平,狡虫死,颛民生。背方州,抱圆天。"[5] 后来又传伏羲、女娲为兄妹,并结为夫妻。

伏羲、女娲的神话在汉代特别是汉画像中又有了新的特点:在阴阳观念的影响下,伏羲、女娲成为阴阳对偶神;在神仙思想的影响下,伏羲、女娲这一对创世神增添了仙的色彩,与西王母一起成为仙境的重要组成部分;由于汉代生活强烈的世俗性特征,伏羲、女娲的庇佑功能与繁衍子孙的象征功能被突出出来。

就最核心的图像来说,汉画像中的伏羲、女娲主要表现为人首蛇身(龙身),伏羲戴冠,儒生装扮,女娲梳髻,贵妇装扮。东汉王延寿撰《鲁灵光殿赋》曰:"伏羲鳞身,女娲蛇躯。"[6] 伏羲女娲的形象一般出现于同一画面中,并肩或相对交尾,或两相对应、分列于同一墓门的两边。这是我们判断伏羲、女娲的重要参考因素。除此之外,伏羲、女娲手中所持之物因地域各有差别,他们或持规矩,或擎日月,或捧仙草。

山东、四川、河南是伏羲、女娲图像出土较多的几个地区。综合来

---

[1][清]阮元校刻:《十三经注疏》周易正义卷八,中华书局2009年版,第179页。
[2][汉]许慎撰:《说文解字》卷十二,中华书局1963年版,第260页。
[3][汉]应劭撰:《风俗通义校注》,中华书局1981年版,第601页。
[4][清]马骕撰:《绎史》卷三,中华书局2002年版,第21页。
[5][汉]刘安编,何宁集释:《淮南子集释》卷六,中华书局1998年版,第479—480页。
[6][清]严可均辑:《全上古三代秦汉三国六朝文》全汉文卷五十八,中华书局1958年版,第790页。

看，山东地区出现的多是相对而立、手持规矩（或同时怀抱圆轮），或者手托日月，或者双手抱胸；四川地区的则多为一手托日（月）、一手举他物的伏羲、女娲形象；河南地区手持仙草的伏羲女娲形象较多。还有一类画像，比如山东嘉祥花林村出土的祠堂西侧壁画像石中伏羲、女娲被一神人环抱，对这一形象，学者们争议颇大，有盘古说、太一说、高禖说等。

伏羲、女娲图像的文化内涵最直接地表现在其交尾的部分中。人首蛇身的伏羲、女娲交尾即表达了阴阳相生、化育万物的内涵，是原始的生殖崇拜观念在汉代的表现，他们保佑着墓主人及其子孙后代繁荣昌盛、生生不息。伏羲、女娲手捧仙草的形象则很自然地指向了"仙"，表达了汉代人追求"长生不死"的强烈愿望。伏羲、女娲手捧日月则更加明确了其为日月、阴阳的代表。有的伏羲女娲手持规矩，规矩就是天地的象征，古语云"规天矩地"，古人认为"天圆地方"，这表明了伏羲、女娲创世神的地位。

西王母、**东王公**是汉画像中另一对重要的对偶神。

西王母在早期神话中就已出现。关于西王母信仰的由来，不管是其更多来源于华夏文明，还是直接从中亚或西亚文化嫁接而来，有一点是毋庸置疑的：西王母神话是战国以来在中原文化与西域文化的交流中逐步形成的。"西王母"和"昆仑山"本是两个不同的神话系统，但在战国之后的文献中已经能发现二者的不断融合。《山海经·西山经》载："又西三百五十里，曰玉山，是西王母所居也。西王母其状如人，豹尾虎齿而善啸，蓬发戴胜，是司天之厉及五残。"[1]《山海经·大荒西经》载："西海之南，流沙之滨，赤水之后，黑水之前，有大山，名曰昆仑之丘。有神——人面虎身，有文有尾，皆白——处之。其下有弱水之渊环之，其外有炎火之山，投物辄然。有人，戴胜，虎齿，豹尾，穴处，名曰西王母。此山万物尽有。"[2]《山海经·海内北经》载："西王母梯几而戴胜杖，其南有三青

---

[1] 袁珂校注：《山海经校注》，上海古籍出版社1980年版，第50页。
[2] 同上书，第407页。

鸟，为西王母取食。在昆仑虚北。"[1] 这三则文献实际上呈现了一个西王母形象不断丰富的过程，第一则文献中西王母只是居住在玉山上的神，豹尾虎齿，掌管着灾厉和刑罚。第二则文献中明确将其与昆仑确立联系。第三则文献中她身边又多了"三青鸟""梯几"。到了西汉司马相如《大人赋》的描绘中，我们能解读出西王母已经完全成为"长生不死"的代表："吾乃今日睹西王母矐然白首。戴胜而穴处兮，亦幸有三足乌为之使。必长生若此而不死兮，虽济万世不足以喜。"[2]《淮南子·览冥训》中的材料则指明了不死之药与西王母的关系："譬若羿请不死之药于西王母，姮娥窃以奔月，怅然有丧，无以续之。何则？不知不死之药所由生也。是故乞火不若取燧，寄汲不若凿井。"[3]《汉书·哀帝纪》记载："（建平）四年春，大旱。关东民传行西王母筹，经历郡国，西入关至京师。民又会聚祠西王母，或夜持火上屋，击鼓号呼相惊恐。"[4] 这说明了此时西王母信仰已经在民间普及。综合以上材料，可以认为，在西汉末期，以西王母为代表的昆仑山仙界系统已经成型。

东王公则是汉代人根据阴阳五行给西王母配的一个配偶神，仅仅是西王母的一个镜像。贾谊《新书》引《神异经·东荒经》将其描述为："东荒山中，有大石室，东王公居焉。长一丈，人形鸟面而虎尾。"[5] 从中我们可以看出对《山海经》中的西王母的模仿。在山东和河南地区的汉画像石中，东王公经常作为对偶神与西王母处于同一画面中，从中我们可以对比出西王母和东王公最明显的差异：西王母一般戴胜，为妇女装扮，而东王公则头戴山形冠，为明显的男性装扮。另外，在一些画面中头戴山形冠的东王公替代西王母处于画面中心地位，周围同样伴有三青鸟、蟾蜍、九尾狐以及其他异兽。在南方地区的汉画像艺术中，东王公并未普及，西王母则处于一个至高无上的地位。在东汉中后期的汉画像中，伏羲、女娲都降

---

[1] 袁珂校注：《山海经校注》，上海古籍出版社1980年版，第306页。
[2] ［清］严可均辑：《全上古三代秦汉三国六朝文》全汉文卷二十一，中华书局1958年版，第244页。
[3] ［汉］刘安编，何宁集释：《淮南子集释》卷六，中华书局1998年版，第501—502页。
[4] ［汉］班固撰，［唐］颜师古注：《汉书》哀帝纪第十一，中华书局1962年版，第342页。
[5] ［汉］贾谊撰，阎振益、钟夏校注：《新书校注》卷九，中华书局2000年版，第366页。

格为西王母身边的随从。因此，可以说汉画像中的仙境系统主要是以西王母为中心建立的。

我们可以从核心图像、必要图像、辅助图像与区域图像四个层次来展开描述汉画像中的西王母仙境。其中核心图像为西王母（戴胜）与玉兔。我们称其为西王母图像系统，因为西王母在图像中有至高无上的中心地位，是整个仙境的象征。从图像的辨识度来说，西王母要戴胜，有捣药兔在身旁，这样的图像才能确定为西王母仙境。必要图像有蟾蜍、三足乌与九尾狐。蟾蜍代表了月亮，与捣药兔一样，也因与不死药的联系而象征了长生不死。三足乌的形象大致有两种形式，一是出现在日轮之中，二是作为西王母的使者，亦称三青鸟，因而某种程度上，它的象征性是依附于西王母的。有一类比较普遍的图像是日中金乌与月中玉兔，它们联系在一起，象征着时间的流转、生命的无限循环等。九尾狐也是这个仙境图像中比较常见的图像，相对于其他瑞兽，比如鹿、虎或者麒麟等，九尾狐更加稳定地存在于西王母仙境中。它一般与兔、蟾蜍一起出现。汉代认为狐是一种有德之兽。《白虎通》载："狐九尾何？狐死首邱，不忘本也。明安不忘危也。必九尾者何？九妃得其所，子孙繁息也。"[1] 尾有鸟兽交配、繁衍之意，"九"在中国文化中又是一个极为重要的数字，最常见的词汇比如"九重天""九族"，从中可见某种恒定的天数、秩序以及无穷与广大之意，因而九尾狐是太平昌盛、子孙繁息的象征。除了核心、必要图像，西王母图像系统中还有一些不十分普遍和稳定的图像，它们一般具有阶段性、区域性，或集中在某类特殊介质上。如河南的凤凰、绕线架（板），山东的建鼓舞、交尾侍者、双首神、风伯吹屋，陕北和四川的华盖、各种形式的天柱、兽首人身侍者，四川的龙虎座、天门、祭祀图、灵芝，铜镜上的辒辌车、伯牙弹琴以及六博图等。

在仙境图像中，除了三足乌、玉兔、蟾蜍、九尾狐以及伏羲、女娲以外，**羽人**也是仙境中最为常见的形象。羽人即仙人，汉代人认为仙人都

---

[1] ［汉］班固撰，［清］陈立疏证：《白虎通疏证》卷六，中华书局1994年版，第286—287页。

生有羽翼,故曰羽人。庄子在《逍遥游》中将羽人描述为:"藐姑射之山,有神人居焉:肌肤若冰雪,绰约若处子,不食五谷,吸风饮露,乘云气,御飞龙,而游乎四海之外。"[1] 羽化而登仙,是汉代人的神仙信仰。汉画像中有许多羽人图像,他们一般或做飞翔状,或与异兽嬉戏,或做引导状,或站立在西王母与东王公旁。羽人与不死观念的结合,早在战国后期已出现。《山海经》记载有"羽民国"。《楚辞·远游》云:"仍羽人于丹丘兮,留不死之旧乡。"王逸注:"《山海经》言有羽人之国,不死之民。或曰:人得道,身生毛羽也。"洪兴祖补注:"羽人,飞仙也。"[2]《论衡·无形》曰:"图仙人之形,体生毛,臂变为翼,行于云,则年增矣,千岁不死。"[3]

因此,羽人在汉画像中的出现,往往象征着长生不死。与其他仙境形象不同的是,汉画像中的羽人经常与凤凰、朱雀、龙、虎、鹿、马或者云车一起出现,或呈羽人侍凤之状,或做手持仙丹之举,或手持仙草,或戏龙驭虎,或驾鹿飞升,或独自飞翔、挥舞双臂,仿佛在引导他人进入天界。汉诗《长歌行》曰:"仙人骑白鹿,发短耳何长。导我上太华,揽芝获赤幢。来到主人门,奉药一玉箱。主人服此药,身体日康强。发白复更黑,延年寿命长。"[4] 羽人可以说是众生进入仙境的向导,而其舒展奔放的形态又表现出了仙境的自由自在、快乐祥和。

盛夏时节经常会出现电闪雷鸣这样一种令人惊骇的自然现象,古人由于知识水平有限,不能对其进行科学、合理的解释,于是雷神便被赋予了人的形象。在汉画像石中,多用**雷神**击鼓表现雷电。王充《论衡·雷虚》记载:"图画之工,图雷之状,累累如连鼓之形。又图一人,若力士之容,谓之雷公,使之左手引连鼓,右手推之,若击之状。"[5] 汉画像中有时会出现一神驾龙行走,驾龙之神双臂张举,其周围环绕十二个圆鼓,以索相连接的图案。这种以索相连的鼓称作连鼓,为雷神所专用,所以此神

---

[1] [清]王夫之撰:《庄子解》卷一,中华书局1964年版,第10页。
[2] [宋]洪兴祖撰:《楚辞补注》卷五,中华书局1983年版,第167页。
[3] [汉]王充著,黄晖校释:《论衡校释》卷二,中华书局1990年版,第66页。
[4] [宋]郭茂倩编:《乐府诗集》,中华书局1979年版,第442页。
[5] [汉]王充著,黄晖校释:《论衡校释》卷六,中华书局1990年版,第303页。

人应为雷神。《山海经·大荒东经》也提及:"东海中有流波山,入海七千里。其上有兽,状如牛,苍身而无角,一足,出入水则必风雨,其光如日月,其声如雷,其名曰夔。黄帝得之,以其皮为鼓,橛以雷兽之骨,声闻五百里,以威天下。"[1] 这里面所说的"雷兽"应也是雷神,即后人所称的"雷公"。

汉画像在表现天象时,还常刻画风伯、雨师,他们总是和雷神等天神形象共同出现,各司其职,分工合作。风伯总是张着大嘴,鼓腹向外吹出滚滚风云。古人认为不同的方向有不同的风,不同季节也有不同的风,所以风伯可能不止一个。雨师则以足踏云彩、手执壶或罐向地上倒水的形象出现。

---

[1] 袁珂校注:《山海经校注》,上海古籍出版社1980年版,第361页。

图 1.1 女娲·双鹿·双虎图

纵 88 厘米,横 66 厘米。东汉时期。
出土地不详,私人收藏。

画面中间有一人首蛇身怪,或为女娲,双臂半弯呈敞开状,左右为一雌一雄的鹿,面向左方。下方左右分立二虎,均面向左方,右边虎位置稍高。

图 1.2 女娲图

纵 103 厘米,横 34 厘米。东汉时期。
安徽萧县出土,私人收藏。

与下图同为一墓作品。此石为浅浮雕。画面中为女娲,人首、蛇躯、鳞身,头有发髻,犹如日月,身着襦衣,身下有兽足。画面右方刻有水波纹。

一 神祇・仙人

图1.3 伏羲图

纵103厘米,横32厘米。东汉时期。
安徽萧县出土,私人收藏。

与上图为同一墓作品。此石为浅浮雕。画面中为伏羲,人首、蛇躯、鳞身,头戴有冠,身着襦衣,身下有兽足。画面左方刻有水波纹。

图 1.4 伏羲·女娲·铺首图

纵 102 厘米,横 20 厘米。东汉时期。
山东枣庄出土,原石现藏徐州汉画像石艺术馆。

画面中上部分是伏羲、女娲,伏羲头戴笠,女娲梳髻,状似羊角。伏羲、女娲并肩而立,长尾相交,有三环,周围伴有祥云。下方有一人面鸟身神,怀抱太阳,鸟做铺首衔环状。鸟下方有一尖锥物。

一 神祇·仙人

图1.5 龙·太一·伏羲·女娲图

纵57厘米，横62厘米。东汉时期。山东苍山出土，原石现藏徐州汉画像石艺术馆。

此画像石分为图像和文字两部分。文字部分模糊不清，待进一步释读。图上方是呈飞舞状的左向翼龙。下方是太一神左右拥抱伏羲与女娲，伏羲、女娲各手持一物，面对太一。太一头戴山形冠，两臂为翅状，胸部刻有两乳，下着短绔，应为主宰阴阳的大神。一说为"高禖"。

图 1.6 女娲图

纵 104 厘米，横 30 厘米。东汉时期。
山东枣庄出土，私人收藏。

此石为浅浮雕。图中为女娲，上身做妇人装扮，下身为蛇躯。女娲身边绘有祥云。

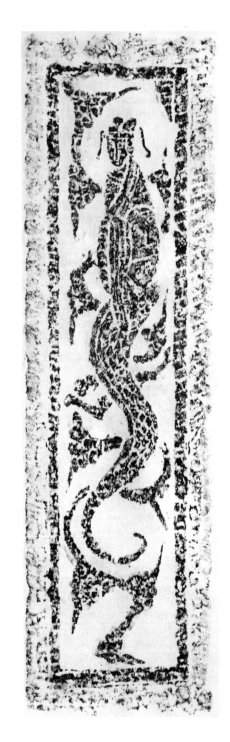

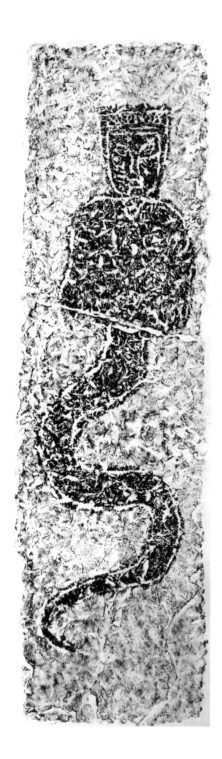

图 1.7 伏羲图

纵 118 厘米,横 33 厘米。东汉时期。
江苏徐州征集,私人收藏。

此石为阴线刻,图中为伏羲,人首蛇身,头戴武冠,手环抱胸间。

图 1.8 伏羲·女娲·西王母人物图

正面纵 133 厘米，横 72 厘米；侧面纵 165 厘米，横 23 厘米。东汉时期。山东枣庄出土，原石现藏北京大学汉画研究所。

此石为一石二画。正面的大面积图画有伏羲、女娲，胸部抱日月。整幅画面似太极图，大致呈中心对称。伏羲、女娲身旁各有一头戴尖顶帽的胡人。另一幅图像位于此石侧面，画面较漫漶。大致有二十五个人或神怪，最中央或为西王母，西王母左右两边为一些持笏拜谒的人，最两端为一些兽首人身的神怪。

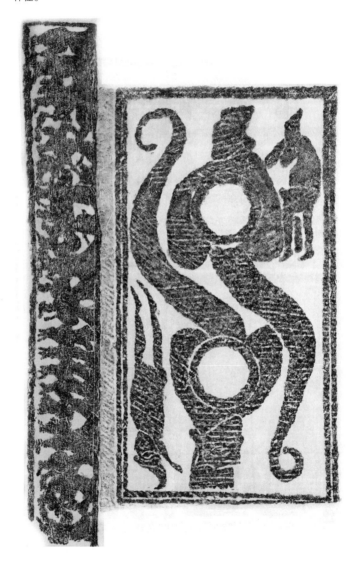

一　神祇·仙人

图 1.9　凤鸟·人物·女娲·玉兔图

纵 89 厘米，横 61 厘米。 东汉时期。
山东苍山出土，原石现藏江苏师范大学博物馆。

画面分为两层，用水波纹和垂幛纹隔开，周边为从帷幔简化变形而来的垂幛纹。上层画面表现的是羽人侍凤。凤鸟的长尾上翘。最右端有二鸟争啄一鱼。下层分两格，左格有三名仪卫，均面向左方，右边二人持戟。右格中有一人首蛇身的神怪，从发髻判断应为女娲，尾部有一鸟。神怪下方还刻有一只玉兔，呈直立揖拜状。

图 1.10 伏羲·鸡头神图

纵 110 厘米，横 23 厘米。
东汉晚期。
山东临沂出土，原石现藏徐州汉画像石艺术馆。

立柱正面画像为伏羲，人首蛇身，头戴武弁，身着襦衣，身下有兽足，面向左侧。立柱侧面画像描绘了一鸡头人身怪与一兔。鸡头神与牛头、马头神一道为西王母身边常见的仙人或神怪侍者，其身份还有待进一步研究。

一　神祇·仙人

图 1.11 西王母·异兽图

纵 75 厘米，横 75 厘米。东汉时期。
山东微山出土，私人收藏。

该石为祠堂画像。画面正上方端坐着戴胜的西王母，其左右分别为伏羲、女娲，二者长尾相交，手持便面。画面中遍布了各种兽首人身怪、异兽。图像较为漫漶，不易分辨。

图 1.12 西王母·祥瑞·人物图

纵 69 厘米，横 62 厘米。东汉时期。
山东枣庄出土，私人收藏。

此图画面分三层。从上至下第一层中有西王母端坐于中央，戴胜，左边为一长尾凤鸟，凤鸟上方又有一鸟。右边有二侍者，手中持便面。第二层为祥瑞图，图中最左端有一对凤鸟，呈并颈状。其右是一人首蛇身的妇人，旁边有一常青树和一鹿。第三层中有并排侍立的六位儒生，左向，手中似持有简牍。画面下方有菱形纹装饰，四角有类似燕尾的纹饰。

一 神祇·仙人　　019

图 1.13 西王母·祥瑞·乐舞图

纵 75 厘米,横 78 厘米。东汉时期。
山东滕州出土,私人收藏。

此石为残石,一石二画。主画面右部残缺,表现的是祭祀、升仙的画面。画面分三层,由上至下第一层中有西王母戴胜,女娲、伏羲分立左右,手持便面,长尾相交。女娲身后有两人做拱手状,一半跪一直立。另有三条鱼,有一人在捕鱼。捕鱼人身下有一人持腈而立。画面左下角有二人相对而立。其余部分可以看到有鸟、熊、兔等动物,以及鸟头人身怪和马头人身怪。第二层画面中,最左端有一人,其右有天马,在空中飞翔遨游的仙人均左向行进。右端有一人骑马。第三层画面中,可辨识的至少有八人,画面中央似为二人击鼓。左侧有手持便面之人、吹竽之人等。其侧面画像从上至下依次为乐舞、蹶张、击鼓、持彗。

图 1.14 西王母·开明兽·伏羲图

纵 104 厘米,横 83 厘米。东汉时期。
安徽萧县出土,私人收藏。

此石为一石二画。主画面分三层,由上至下第一层刻有西王母端坐在昆仑山上,戴胜,左右有羽人为其取食,山下有二兽奔走。第二层中央有一九首开明兽,前面七首,尾部二首,均面向左。画面左端有一只猫头鹰探出头来。第三层刻有十字穿环图案。该石侧面刻有一伏羲,头上有山形冠,双手拢于胸前,蛇躯,鳞身。

一 神祇·仙人

图 1.15　西王母·瑞兽图

纵 112 厘米，横 90 厘米。东汉中期。
山东苍山出土，原石现藏江苏师范大学博物馆。

此石为一石二画，表现的是西王母仙境中的场景。主画面分为三层，由上至下第一层画面中上部有祥云，最右端一妇人侧面端坐，戴胜，应为西王母，其左方有二人踞坐拜谒。第二层画面中有两怪兽，大致对称，怪兽肩部各有一鸟。四周伴有祥云。第三层画面中有羽人和凤鸟，周围伴有祥云。整幅图内框上左右绘有垂幛纹。侧面图画上方有二龙做奔走状，下方有一人执矛，最下方人物持盾做奔走状，似在猎杀走兽。画面四周伴有祥云，中间有两翼兽。

图 1.16 东王公·拜谒图

纵 88 厘米，横 61 厘米。东汉时期。
山东枣庄出土，私人收藏。

画面分三层，由上至下第一层画面有残缺，图中有两位兽首人身神怪和二人站立。最左端为一牛首人身怪，手中持圭。最右端为一鸡首人身怪，手中持圭。第二层画面中共有四人，最左端有一人半跪躬身，面朝右，右有三人侧坐。第三层画面中央为东王公凭几而坐，头戴山形冠，肩部生有双翼，左右各立有一人，手中持圭。整幅图四周绘有垂幛纹。

一　神祇·仙人

图 1.17 东王公·拜谒图

纵 63 厘米，横 154 厘米。东汉时期。
山东苍山出土，原石现藏于江苏师范大学汉文化研究院。

画面最左有一人端坐，头戴高冠，肩部生翼，或为东王公。其右有七人，前二人都戴高冠，应为男性，后五人头挽发髻，应为女性。左起第一人手中持圭跪拜，第二人手中持一长条状物，躬身而立，第三人侧面端坐，手中持一物，或为书刀。第四人手中持一便面站立。第五、六二人相对而立，第七人面左端立。画面内框与外框都有垂幛纹。

图 1.18 鹿车·龙车·升仙图

纵 140 厘米，横 94 厘米。东汉时期。
山东苍山出土，私人收藏。

画面分为四层。由上至下第一层为菱形纹。第二层描绘了双鹿拉车的画面，车状似轺车，有双层顶盖，车中坐有二人。第三层中央刻有一龙，其左端为一羽人，双臂上引，面向右，似乎在引路。右侧是龙拉车，车中坐有二人。第四层图左端刻有两人，相对恭立，右侧人物拄曲杖，可能是描绘了孔子见老子的故事。右边有一鸡首人身和一牛首人身的神怪相对而立。整幅图像四周绘有垂幛纹。

一 神祇·仙人

图 1.19 西王母·交龙图

纵 108 厘米,横 27 厘米。
山东临沂出土,私人收藏。

该石为高浮雕。画面分两层,上层为一人端坐,肩部有双翼,或为西王母。下层有双龙缠绕盘旋向上。

图 1.20 人物·龙·拜谒图

纵 102 厘米，横 67 厘米。东汉时期。
山东苍山出土，原石现藏江苏师范大学博物馆。

此石为浅浮雕。画面分为三层。由上至下第一层画面中有四人，人物上方有藤蔓状云气相接，左端有二人相对捣药，右端坐有一人与一鸡头人身怪，均做拱手状。画面第二层有四条龙，左上龙生有双头，有翼，右方为两条龙盘旋交错。第三层画面中共有六人，头戴进贤冠，均拱手而立，其中四人完整，另有二人穿插在四人的空隙中。整幅画面四周绘有垂幛纹。

图 1.21　射熊图

纵 106 厘米，横 48 厘米。东汉时期。
安徽萧县出土，私人收藏。

此石为浅浮雕。画面主体部分为一人面熊身的神人，熊身左下有一只猫头鹰头，右有一人面鸟身怪，其下方又有一只鸟。画面最下方有一人持弓，半跪呈仰射状，瞄准上方神人。画面四周有水波纹装饰。

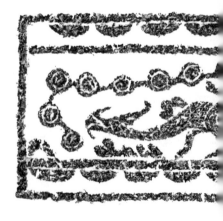

图 1.22 雷公·电母·虹神图

纵 38 厘米，横 174 厘米。东汉时期。
山东苍山出土，私人收藏。

画面描绘了汉人心中的天象。左边为一雷公骑龙，龙首向左，驾龙之雷公双臂张举，手执鼓槌。其周围环绕十二颗大星，缀成连鼓。中间是闪电之神，双手上举，执一闪电。最右边端坐一虹神，双腿盘曲，双臂张开，头顶环绕一条霓虹。此虹左右各有一龙首，龙身弯曲成一条弧形，周围还伴有云气。根据其他同类图像推测，最右可能还有一风神，正鼓腹向左侧吹出滚滚风云，惜残。画面上下饰以垂幛纹。

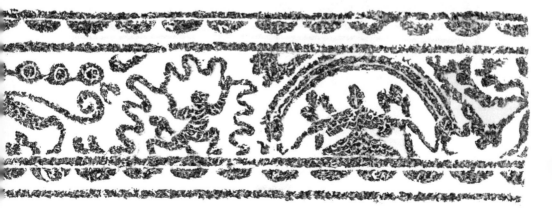

图 1.23 雷神·风伯

纵 68 厘米,横 178 厘米。东汉时期。
江苏邳州出土,私人收藏。

画面主要分成三个部分。左右两边是四瓣莲花纹,中间有莲蓬,四方各刻有一鱼。汉乐府有诗云:"江南可采莲,莲叶何田田,鱼戏莲叶间。鱼戏莲叶东,鱼戏莲叶西。鱼戏莲叶南,鱼戏莲叶北。"画面正中刻有一虹,呈半圆形,两端各有一龙首,似璜。虹左上和右上是几位风伯,张着大嘴,正鼓腹向外吹出滚滚风云。虹下是一雷神,双臂张举,似在敲击雷鼓,其下有星斗、云气。

图 1.24 羽人图

纵112厘米,横39厘米。东汉时期。安徽灵璧出土,私人收藏。

画面分为上下两层。上层为两个相对的羽人,手持绶带。下层为一腰间挂剑的羽人,昂首屈膝,姿态优雅。其右手捧一只鸟,足下为一凤鸟。

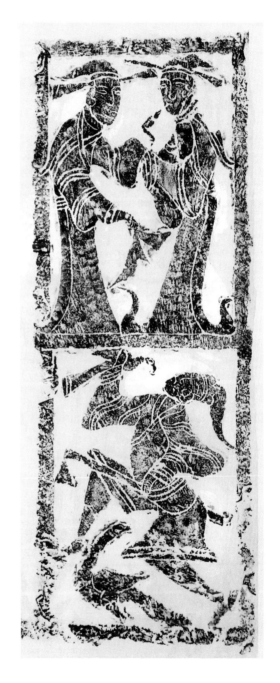

一 神祇·仙人

二
人物·故事

在汉代有许多以故事为内容的画像石,其中所描述的,或为光怪陆离的神话传说,或为宣扬道德伦理的历史故事,其中一些混杂着神话与历史的双重因素。故事类画像在汉画像中占据着相当大的比重。这些画像所表现的故事不仅仅是祠堂所有者和雕刻者的选择和创造,更是按照当时占统治地位的社会意识形态选择和配置的结果,承载着丰厚的人文精神内涵,表现了两汉民俗生活的方方面面。这些故事类画像以形象的图像语言叙述故事情节,创设象征性的宇宙空间,使观者置身于其中,褒贬立现,善恶顿分,以艺术形象传达了教育的意义,起到"恶以诫世,善以示后"的目的。

绘画在先秦时期已经比较发达,并发挥了重要的社会功能。据《孔子家语·观周》记载,春秋时期,孔子在周王城洛阳的明堂内看到的壁画上"有尧舜之容,桀纣之像,而各有善恶之状,兴废之诫焉。又有周公相成王,抱之负斧扆南面以朝诸侯之图焉"[1]。西汉开国之初,统治者吸取秦二世而亡的惨痛教训,轻徭薄税,推行黄老无为而治的思想观念。汉武帝时期,国力逐渐强盛,中央集权日趋强化,大一统的政治模式必然要求建立统一的思想文化。于是汉武帝听从了董仲舒的建议,罢黜百家,独尊儒术。从此,儒家伦理思想逐步渗透到社会生活的各个方面。这样的社会意

---

[1] [魏]王肃撰,王国轩、王秀梅译注:《孔子家语》,中华书局2009年版,第90页。

识形态也深深地烙印于汉代艺术中，人们开始以儒家的道德标准绘制人物肖像和历史故事。

据《史记·高祖本纪》记载："萧丞相营作未央宫，立东阙、北阙、前殿、武库、太仓。高祖还，见宫阙壮甚，怒，谓萧何曰：'天下匈匈苦战数岁，成败未可知，是何治宫室过度也？'萧何曰：'……天子以四海为家，非壮丽无以重威，且无令后世有以加也。'高祖乃说。"[1]萧何借美化装饰维护、巩固统治尊严，饱含着垂训后世的教化意味。到汉文帝刘恒时期，下诏"于未央宫承明殿，画屈秩草，进善旌、诽谤木、敢谏鼓"[2]。汉武帝建未央宫麒麟阁、甘泉宫、桂宫明光殿，绘古代圣贤、当世功臣，亦绘亡国之君。正面人物得到景仰和赞赏，反面人物受到痛恨和唾弃。皇家如此，诸侯王国也上行下效，大肆营造宫室，刻石绘画。这些故事图像还体现在汉代墓葬艺术中。汉画像中常有以古代帝王、历史故事、神话故事为题材的画像。山东嘉祥武氏祠刻有许多圣贤先祖，如祝融、神农、黄帝、颛顼、帝喾、帝尧、帝舜、夏禹，榜文颂其功绩、赞其德行。除圣贤先祖之外，武氏祠中多有以"忠""孝""节""义"的儒家道德为题材的画像。这类题材的意义在于："图象之设，以昭劝戒，欲令人君动鉴得失。未闻竖子小人，诈作文颂，而可妄窃天官，垂象图素者也。"[3]

汉画像中常有表现中国古代帝王英雄事迹的内容，这类人物在历史与神话之间难以区分。他们是汉代人企图支配自然的力量和愿望所创造出来的，具有极强的社会属性。从形象上看，他们是具有神性的超人，不是创造某种文化的始祖，就是在大灾难中拯救人类的智者。他们上天入地，或带来文明，或创立制度、建立国家，折射出漫长的原始社会到文明时代人类征服自然、创造文化的伟大功绩，讲述了人类从蒙昧初开，到走向早期共同体的艰辛历程。中国古代英雄帝王基本都是"法施于民""御灾捍

---

[1]〔汉〕司马迁撰，〔南朝宋〕裴骃集解，〔唐〕司马贞索隐：《史记》高祖本纪第八，中华书局1982年版，第385—386页。
[2]〔宋〕王应麟撰：《玉海艺文校证》卷二十三，凤凰出版社2013年版，第1091页。
[3]〔南朝宋〕范晔撰，〔唐〕李贤注：《后汉书》酷吏列传第六十七，中华书局1965年版，第2499页。

患""以劳定国"的人。汉画像以中国古代英雄帝王为题材,体现出中国文化中强烈的祖先崇拜与英雄崇拜意识。汉代人在墓室、祠堂画像中凿刻出一个个英雄故事,通过图像的叙述传递出赞助者、墓主的"意图",将他们对子孙的希冀和道德训诫以图像的形式保存在石刻中,并通过与观者的联系实现其价值。

"**孔子见老子**"是汉画像中最为经典的图像之一,此图像的出现,充分反映了儒、道思想在两汉时期的发展,也反映了儒家思想中的谦虚好学之"礼"。目前,国内已发现的汉画像"孔子见老子"图像,主要分布在山东、江苏、陕西、河南以及四川地区,其中又以山东嘉祥等地区所见最多。其常见的人物布局方式有孔子拜见老子、孔子率众弟子拜谒老子、孔子率弟子拜谒老子时中间有小儿项橐推鸠车,以及画面上仅有孔子与老子、项橐这四类图像。在"孔子见老子"画像石中,除了人物形象外,还有车马、异兽、佩剑以及拐杖等多样的艺术形象,从侧面烘托了所要表达的主题思想。

胡汉战争图是山东、苏北汉画像中的常见题材。国内外学者对于这类画像的研究,主要集中在对其意义的解读上。第一种观点认为,这类图像是后辈为了表现墓主人生前的战斗经历,推崇祖先的丰功伟绩,把对"异族"的胜利刻画出来,发扬光大。第二种观点认为这类画像未必和墓主人的亲身经历有关,但其必然有着特定的背景或涉及特定的实践。第三种观点认为,这类图像是被用来象征扫除升仙或进入死后世界旅途上的障碍。

汉代后期,胡汉战争图逐渐和车马出行图结合在一起,进而演变为在山东等地流行的"桥上交战图"。这类图像描绘的往往是墓主的车骑在众多军卒和骑吏的护卫下,自右而左地越过河桥。在汉代墓室中,桥上交战图一般配置在前室、中室的横梁和墓门的横额上。这类图像受到中国古代传统宇宙观念的影响。在中国人的观念中,宇宙被分为四个部分:天帝和诸神世界、仙人世界、人间现实和冥府世界。它们在空间上有其明确的分野,人间与天界由天河(银河)分开,天河隔在人神之间,成为人神交往的障碍。汉画像中车马过桥图的出现,就是孝子贤孙们希望祖先的灵魂能安全地渡过奈何桥,轻松地来往于两界,享受祭祀。在这种理解中,桥上交战图所表现的两支军队应是阴阳两界的象征。其中,"胡汉战争"中的胡军演变为守护奈何桥的军队。两军之间的冲突,显示为汉军一方冲破阻力、渡过"奈何桥"的场景,也着重表现了墓主强大的声威、车马的精良和将士的勇猛。

汉画像中多有刻画**门吏、守卫、侍仆**等人物形象,这些画像多以单幅人物画像的形式出现,也有在一幅图像上刻画两个或多个人物的情况,有些人物则置于大型画像中的从属位置。汉画像对这类人物的刻画,多表现其侧面形象,呈躬身站立状。观者可以从其服饰、神态、姿势中识别其身份。他们有的手中捧盾,有的拥彗,有的手持兵器,其姿势也会因其所持之物而发生变化。这类画像的出现,不仅是汉代人现实生活的生动写照,也从侧面烘托出墓主非同一般的身份及社会地位。汉代厚葬之风盛行,视死如生,活着的时候所享受的一切,死后也要一并拥有。将门吏、守卫、侍仆等人物表现在随葬的画像中,象征着墓主能够在冥界继续享受他们的服侍。而其手中所持之物,也有不同的象征意义,承载了特殊功用。

在汉代,**拥彗**之礼既有迎宾之意,又有驱邪之意。拥彗迎宾之礼仪最早见于西周。据《礼记·曲礼上》所载:"凡为长者粪之礼。必加帚于箕上。以袂拘而退,其尘不及长者。"[1] 可见拥彗之礼是一种礼贤下士、尊敬长者的古代礼仪。汉代拥彗迎宾之礼更加盛行,上到皇族,下到一般富贵阶层,皆将其作为约定俗成的礼仪。《汉书·高帝纪》:"太公拥彗,迎门却行。"李奇曰:"为恭也,如今卒持帚也。"师古曰:"彗者,所以扫也,音似岁反。"[2] 这里表示洒扫清洁,恭请光临的意思。《史记·孟轲传》载:"昭王拥彗先驱,请列弟子之座而受业。"《索隐》按:"彗,帚也。谓为之扫地,以衣袂拥帚而却行,恐尘埃之及长者,所以为敬也。"[3] 汉画像石中

---

[1] [清] 阮元校刻:《十三经注疏》礼记正义卷第二,中华书局 2009 年版,第 2683 页。
[2] [汉] 班固撰,[唐] 颜师古注:《汉书》高帝纪第一下,中华书局 1962 年版,第 62 页。
[3] [汉] 司马迁撰,[南朝宋] 裴骃集解,[唐] 司马贞索隐:《史记》孟子荀卿列传第十四,中华书局 1982 年版,第 2345—2346 页。

刻画的苕帚，有的并非用细竹扎成，而是用芦苇等扎成，也称"茢"。有的用桃枝做柄，叫作桃茢。《礼记·檀弓》载："君临臣丧，以巫、祝、桃、茢、执戈，恶之也。"郑玄注："茢，萑苕，可扫不祥。"[1]桃茢之柄的用料为桃木，是古代治丧礼仪中专用的驱邪工具。足见，汉画像中刻画于墓门之上的门吏拥彗图像多有驱逐魔邪、不使墓主人受到惊扰的用意。

在已发现的汉画像中，常有**老者拄杖**的形象，深刻地体现着汉代浓厚的尊老养老的社会氛围，以及"以孝治天下"的政治思想。汉代统治者通过树立尊老养老的良好风尚，巩固其封建统治，并达到维护政治稳定和促进社会发展的作用。在诸子百家中，儒家最为倡导以"孝"为核心的养老思想。汉代儒生不仅通过自身实际行动做尊老养老的表率，并且谏言请求统治者重视孝行，极大地推动了汉代尊老养老的社会风尚的形成。《汉书》中多有"赐几杖"的记载。《后汉书·礼仪志》载："年始七十者，授之以王杖，铺之糜粥。"[2]"王授几杖"是皇帝通过赏赐"几""杖"，显示其对老年人的关心和尊重，不仅为老年人提供了生活上的便利，而且也逐渐成为一种权利的象征。以此，老年人可以享受种种优待，并且受到法律的保护。

汉画像中，常有儒生对坐**讲经图**，一般表现众弟子手捧简牍聆听教诲的场景，生动地刻画了儒生读经、讲经的场面，展现了汉代儒家经学之昌盛。西汉初年，儒家经籍中有两种写本：一种是汉初儒者根据老辈儒者口耳相传，用当时通行的隶书将儒家经典及其解释记录下来，称为今文经；另一种是指汉景帝以后陆续从古旧墙壁中发现、从民间搜集到的用先秦古文书写的写本，称为古文经。研究并阐发今文经经义的学派称为今文经学，而研究并阐发古文经经义的学派称为古文经学。西汉今文经学的代表是董仲舒，东汉时期的代表为何休。古文经学在汉代的代表为扬雄、桓谭、王允、贾逵等人。今文经学与古文经学，两者在研究内容、研究方

---

[1] ［清］孙希旦撰，沈啸寰、王星贤点校：《礼记集解》卷十，中华书局1989年版，第262页。
[2] ［南朝宋］范晔撰，［唐］李贤注：《后汉书》志第五礼仪中，中华书局1965年版，第3124页。

法、所讲经义方面皆不相同。西汉末年开始,今文经学与古文经学两大学派进行了激烈的辩论和斗争,其高峰在东汉。汉代统治者曾两次召开重要的经学会议,以统一经学之争。此起彼伏的今古文之争,影响了中国两千多年的学术传统,在中国历史上具有极其重要的地位。

图 2.1　尧、舜禅让·大禹治水图

纵 40 厘米，横 248 厘米。东汉时期。
山东临沂出土，原石现藏徐州汉画像石艺术馆。

此石为平面阴线刻。共刻画了十位形态各异的人物，可分为三组画面。左侧第一组画面刻画了尧、舜、禹三位古代帝王。最左侧一人坐于树下，面朝右，屈身做半蹲状，右侧一人头戴冠，拱手面向左站立，右手前伸，此画面与山东省莒县东莞镇东湾村出土的刻有"尧、舜"榜题的画像石相似，描绘的应是尧、舜禅让的故事。尧、舜二人右侧一人正面站立，头戴斗笠，双手执耒。耒为大禹治水的工具。《韩非子·五蠹》记载："禹之王天下也，身执耒臿，以为民先；股无胈，胫不生毛。"[1] 第二组画面刻有三人，左侧一人跽坐，中间一人站立，右侧一人右手荷物，左手长袖掩面。第三组画面刻有四人。中间一人怀抱一小儿，面向左侧之人，做交谈状。第二、三组画面描绘的内容与《尚书》中"娶于涂山，辛、壬、癸、甲，启呱呱而泣，予弗子"[2] 的故事情节颇为相似。三组画面共同表现了尧、舜、禹三位古代帝王的神话历史故事。

---

[1]　［清］王先慎撰：《韩非子集解》，五蠹第四十九，中华书局 1998 年版，第 443 页。
[2]　［清］孙星衍撰：《尚书今古文注疏》，皋陶谟第二下，中华书局 2004 年版，第 113 页。

图 2.2　大禹治水图

纵 57 厘米,横 31 厘米。东汉时期。
山东临沂出土,原石现藏徐州汉画像石艺术馆。

此石为剔地平面阴线刻。画面中人物头戴旒冕,身披斗笠,身着长袍,正面双手执耒站立。画面上饰双边纹,左右饰垂幛纹。画面呈现出大禹治水英雄故事的经典形象,使观者能够驰骋于自由的想象空间,感受禹为民解忧的英雄精神。

图 2.3 尧、舜禅让·大禹治水·异兽图

纵 66 厘米,横 138 厘米。东汉时期。
山东临沂出土,现藏江苏师范大学博物馆。

画面分两层。上层画面刻有七人,形态各异,可分为两组。左起第一组画面刻有五人,从左至右第三人头戴冠,身着宽袖长袍,两手举起,手心相对,此人身上佩绶,且绶甚长。据记载,汉代以绶来区分官阶的高下,而天子之绶为最长。可见,此人身份颇为尊贵。此人对面有一人,面朝左躬身行礼,手中持笏,头戴通天冠。据《汉官仪》载:"天子冠通天。"[1] 通天冠在汉代被视为最高等级的冠饰,常为帝王佩戴。此二人应为古代帝王尧、舜,画面描述的是尧舜禅让的故事。帝尧身后有两名侍从,一人回首与另一人进行交谈。帝舜身后有一名侍从,捧笏站立。第二组画面刻有两人、一蛇、一树。左侧一人身着长袍,面向右躬身侧立,左手拄一耒。由此推断,人物形象应为禹。画面最右侧有一树,树上缠绕着一条粗大的蛇,树下坐一小儿,衣不蔽体。《孟子·滕文公下》云:"当尧之时,水逆行,泛滥于中国。蛇龙居之,民无所定。下者为巢,上者为营窟。"[2] 画面中,蛇盘于树上,而小儿衣不蔽体,应为洪水泛滥时民间的生活景象。据此可知,第二组画面描绘的是大禹治水的故事。上层两组画面描述了尧、舜、禹三位古代帝王广为传诵的英雄故事。下层画面左刻一龙、中刻一翼虎、右刻一独角兽,三兽翻腾相戏。

---

[1] [南朝宋]范晔撰,[唐]李贤等注:《后汉书》明帝纪第二,中华书局 1965 年版,第 100 页。
[2] [宋]朱熹撰:《四书章句集注》孟子集注卷六,中华书局 1983 年版,第 271 页。

二 人物·故事

图 2.4　尧、舜禅让·拜谒·车骑出行图

纵 60 厘米，横 70 厘米。东汉时期。
山东微山出土，私人收藏。

画面分三层。由上至下第一层画面刻有七人，其中左侧场景与山东省莒县东莞镇东湾村出土的刻有"尧、舜"榜题的画像石相似，应描绘的是尧、舜禅让的故事。树下一人为尧，右边的舜向其作揖，后有二位侍从。右侧场景中有人物双肩挑物，另有二人左向而立。第二层有七人，最右侧为一阙，中央二人似在交谈，左右各有人物侍从数人。第三层为车骑出行，中央马车上有两位武士，一人张弓欲射，一人执盾与环首刀。马车左方有一人手拉小儿奔逃，描绘的可能是"赵氏孤儿"的历史故事，惜无榜题，不可详考。

图 2.5　孔子见老子·车骑出行图

纵 63 厘米，横 211 厘米。东汉时期。安徽宿州出土，私人收藏。

此画像为阴线刻，在未打磨平滑的石面上刻出。画面分为两层，上层刻孔子见老子。从右至左第六人为老子，老子宽袖长袍，面容祥和，后有五人持牍侧面而立；孔子宽衣博带，面朝老子，似在交谈，后有七人侧面站立，中央一头戴鸡形冠者为子路。下层刻车骑出行，两辆安车上各乘两人，前有四人导骑，后有一人骑马跟随。画面右侧有一石阙。

二　人物·故事

图 2.6 太牢图

纵 60 厘米，横 204 厘米。东汉时期。
徐州洪楼出土，原石现藏徐州汉画像石艺术馆。

此石为浅浮雕，应为祠堂山墙。画面刻有七人，从左至右第一人身着长襦大裤，持剑执盾；第二人瞪眼露齿，生缚一虎；第三人怒目凝视，裸露膀臂，弓步蹲身倒拔大树，树上宿鸟惊飞；第四人头戴力士冠，怒目圆睁，肩扛一牛，手执牛尾；第五人执釜耳，弓步蹬地，将釜翻举过首；后有一人抱羊，一人捧壶。山墙上侧饰双边纹，内刻卷云纹，左右边饰阴线刻菱形纹。考图像之意义，以往论者大都将其定为"力士图"，不确。其主体画面为五人正在准备牛羊牺牲、拔树备薪、扛釜、捧壶，是为了祭祀祠主而使用"太牢"。拔树者左侧骑虎人物疑为"东海黄公"，系秦末东海郡的方士，能"制蛇御虎"，置于祠堂山墙有厌胜祛邪之功用，其事迹可见于《西京杂记》。

图 2.7　胡汉战争·过桥图

纵 72 厘米，横 283 厘米。东汉时期。
山东滕州山亭出土，原石现藏枣庄市博物馆。

此石为平面浅浮雕。表现了胡汉交战的场景。画面中部偏左有一座重檐式阙，阙上蹲坐两人，手中各执一幡帜。阙左侧人物以弓为武器，应为胡人一方。画面左上角有一只蟾蜍，下有山包藏胡，山包内人物较大，似为胡王。左下角有一排连绵起伏的山包，其内埋伏着众多胡兵。画面右侧为汉人一方，占据了画面的绝大部分，前方步兵持剑前行，后方骑兵马蹄飞跃。桥上有两辆轺车与三辆骈马安车接连而行，车前各有导骑。战争场面十分壮观，胡人一方兵将所剩无几，兵阵凌乱，已趋于战败。六孔石桥下有一船，船上一人摇橹划船，一人居船上；另有两人立于水中，一人罩鱼，一人叉鱼。水中有鱼、蛇等生物。第六孔内有一人潜游。画面四周饰双边框。

二　人物·故事

图 2.8　胡汉战争·龙车凤车图

纵 115 厘米，横 87 厘米。东汉时期。
山东苍山出土，原石现藏江苏师范大学博物馆。

画面分为五层。从上至下第一层饰十字穿环纹。第二层刻有一龙拉车、双凤拉车。一龙所拉之车上坐两人，一人驾车，一人面向后方。双凤所拉之车上坐两人，双手做礼请状。两车样式似为轺车，但车轮却似山状，或有成仙之意。画面第三层两侧饰有柿蒂纹，中部刻两环。第四层表现的是胡汉战争场景，刻有八人，左侧四人皆深目高鼻，下颌上翘，应为胡人。胡方四人皆身着长衣，手持盾牌、弩弓，做战斗状。右侧四人应为汉方，左起第一人身着合裆裈，一手持弓形器，一手握刀，与左侧之人进行战斗；第二人身着长衣，手持盾、刀，转身面向后；第三人身着犊鼻裈，一手持钩镶，另一手持环首刀；其后侧之人持刀伫立。第五层刻有七人，身着深衣，双手执笏，侧身站立。左起第一人和第六人头戴加鹖羽的武冠。中间两人头戴冠，躬身相对，似在交谈。此画面似为表现双方文武官员会面的景象。

图 2.9 持弓形器门吏图

纵 98 厘米，横 39 厘米。东汉时期。
安徽萧县出土，私人收藏。

画面中刻一侧面站立的人物，头戴笼冠。笼冠发展了汉代的武弁大冠，据《周礼·司服》载："凡兵事，韦弁服。"[1]又《后汉书·舆服志》曰："（弁）制如覆杯，前高广，后卑锐。"[2]武弁大冠是弁和帻的复合体，是汉代武士所戴之冠。汉代的武弁大冠用很细的穗（细纱）制作，做好后再涂漆使其坚硬起来，成为一顶笼状的壳体，即为笼冠。画面中武士身着广袖深衣，一手持弓形器（可能是盾），面容祥和。画面左侧饰垂幛纹。

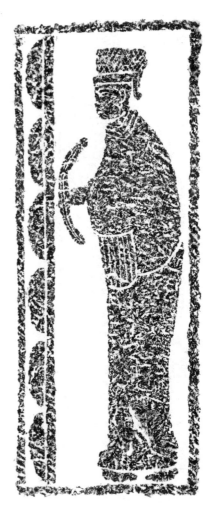

---

[1] ［清］孙希旦撰：《礼记集解》月令第六之三，中华书局 1989 年版，第 482 页。
[2] ［南朝宋］范晔撰，［唐］李贤等注：《后汉书》志第三十舆服下，中华书局 1965 年版，第 3665 页。

图 2.10　持盾门吏图

纵 102 厘米，横 34 厘米。东汉时期。
安徽萧县出土，私人收藏。

画面中刻一侧面站立的人物，头戴进贤冠。进贤冠为古代官员朝见皇帝时所戴的一种礼帽，上自公侯，下至小吏，都戴此冠。进贤冠在汉代已颇流行，并以梁的多少及所佩绶分官衔等级。据《后汉书·舆服志》所载："进贤冠，古缁布冠也，文儒者之服也。前高七寸，后高三寸，长八寸。公侯三梁，中二千石以下至博士两梁，自博士以下至小史私学弟子，皆一梁。"[1] 画面中门吏身着广袖深衣，双手捧盾置于胸前。画面左侧饰垂幛纹。

---

[1]［南朝宋］范晔撰，［唐］李贤等注：《后汉书》志第三十舆服下，中华书局 1965 年版，第 3666 页。

图 2.11　拥彗门吏图

纵 102 厘米，横 24 厘米。东汉时期。
山东枣庄出土，私人收藏。

画面中刻一人半侧面站立，身着深衣，头戴帻。《急就篇》颜注："帻者，韬发之巾，所以整嫭发也。常在冠下，或但单著之。"[1]《后汉书》引蔡邕《独断》卷下："帻，古者卑贱执事不冠者之所服也。"[2] 身份低微不能戴冠者只戴帻。画面中人物所戴帻呈屋状，为东汉时文职人员所戴进贤冠之下所衬的介帻。图中人物仅戴介帻而未见头冠，可见此人为汉代供奔走使役之人。人物双手举于胸前，其右侧刻一彗，高于人物。笤帚头似为芦苇之类的叶状物制成，如此，这画面中的似笤帚之物应为桃荊，意在驱逐魔邪。

---

[1]　[汉] 史游撰：《急就篇》卷三，岳麓书社 1989 年版，第 206 页。
[2]　[南朝宋] 范晔撰，[唐] 李贤等注：《后汉书》志第三十舆服下，中华书局 1965 年版，第 3671 页。

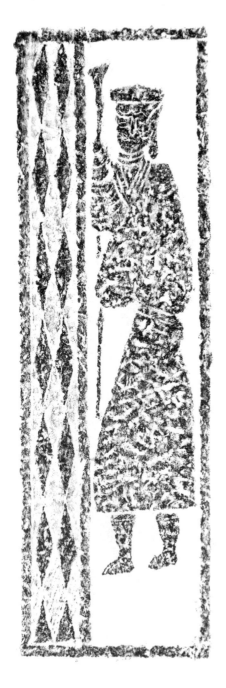

图 2.12 拥彗门吏图

纵 88 厘米,横 28 厘米。东汉时期。安徽萧县出土,私人收藏。

画面中刻一人半侧面站立,头戴帻,发髻坠后。人物束腰,着深衣。所拥之彗较为细小,高度略高于人物。画面左侧饰菱形纹。

图 2.13 拥彗、捧盾门吏图

纵 100 厘米，横 50 厘米。东汉时期。
山东苍山出土，现藏北京大学汉画研究所。

画面中刻一人物侧面躬身站立，脸部刻画正面样貌。人物瞪眼露齿，头戴山形冠，着广袖深衣，衣上饰有条状纹。人物站在一平台之上，右手执彗，左手捧盾于胸前。彗柄又粗又长。彗右侧刻平行槽纹。此为墓门画像石。

二 人物·故事

图 2.14　执牍门吏图

纵 80 厘米，横 50 厘米。东汉时期。
江苏徐州出土，原石现藏北京大学汉画研究所。

此石为平面浅浮雕。两侧各刻有一人，头戴平上帻，身着宽袖深衣，双手持牍，躬身对面站立，做拜谒状。汉代的书写材料主要是简牍，竹质或木质。牍，没有穿孔，"一板尽书"，"不假连编"。《急就篇》颜注："又持之以进见于尊者。"[1]汉画像中常常出现这种持牍、躬身的人物形象，当是表达迎宾之意。这是一个墓室墓门两侧的画像石。

---

[1]　[汉]史游撰：《急就篇》卷三，岳麓书社 1989 年版，第 178 页。

图 2.15 十字穿环·孔子见老子图

纵 140 厘米，横 40 厘米。东汉时期。山东枣庄出土，私人收藏。

画面上部刻十字穿环，中部刻菱形纹。在画面中部偏下部分，刻有两个人物，身着宽袖深衣，躬身面对面站立。左侧人物头戴进贤冠，右侧人物头戴武弁大冠，二人皆做礼请状。画面内容疑为"孔子见老子"。右侧人物手中疑有阴线刻的鸠杖，可能是老子。最下部刻一鱼。

图 2.16　拜谒图

纵 98 厘米，横 76 厘米。东汉时期。
安徽萧县出土，私人收藏。

画面为一墓门相对的双面画像。另一面为铺首凤鸟画像，见本书图 3.70。左侧画像上刻一人物，面向右，侧面躬身站立，头戴进贤冠，身着深衣，长袍曳地，胸前捧一物。右侧画像上刻一人，面向左，侧面躬身站立，头戴笼冠，身着深衣。左侧画像尺寸略大于右侧画像。

图 2.17 武士·铺首图

纵 75 厘米，横 90 厘米。东汉时期。山东滕州出土，私人收藏。

此画像石为浅浮雕。画面右侧为一头戴力士冠的武士，高髻仰面，怒目圆睁，胡须上扬，宽袖捋起，露出双臂，一手握环首刀，一手执弓形器，向左上方刺去。画面左下方有一铺首衔环，画面略有残缺。从图像上看应为一墓门画像。武士有护卫门户之意。

二　人物·故事

图 2.18　椎牛·搏兽图

纵 106 厘米，横 76 厘米。东汉时期。
安徽萧县出土，私人收藏。

此画像石为浅浮雕。画面上部刻一人一牛。此人头戴平上帻，身着短襦裤，身体下蹲前倾，头部上扬，右手持锤做椎牛状。人物右侧有一牛，向人物方向做奔走状。画面下部刻一人一兽。左侧一人头戴平上帻，身着短襦裤，左腿抬起，手中持有一戟，向右侧一兽刺去。该兽尖嘴、圆耳、长尾，似熊，呈直立状。

图 2.19　武官图

纵 146 厘米，横 73 厘米。东汉时期。
山东苍山出土，私人收藏。

画面中一名武官身材高大，头部结鬓带，面容瘦削，两侧面颊凸起，瞪眼露齿。武官上身魁梧，身着长襦大裤，佩绶、佩剑，右手抬起。形象生动、夸张，令人生畏。

二　人物·故事

图 2.20　力士·胡人械斗图

纵 94 厘米，横 53 厘米。东汉时期。
安徽萧县出土，私人收藏。

画面分三层。第一层为一力士（禺强）蹲踞，大眼圆睁，双手用力向上呈撑起状。第二层为两位胡人半蹲于地上。左侧人物一手执盾，一手执环首刀。右侧人物一手扶膝，一手上扬，似在交谈。第三层为十字穿环。该石与图 1.14 "西王母·开明兽·伏羲图" 是同一块石头的两面。

图 2.21　武士图

纵 100 厘米，横 43 厘米。东汉时期。
安徽萧县出土，私人收藏。

画面分两层。上层为一力士蹲踞，大眼圆睁，左手执钩镶，右手执环首刀。钩镶是一种特殊的盾，上下都有钩，中心处竖有一尖锋，主要用于钩住长戟的小枝，为汉代步兵近战的一种常见兵器。下层为一力士蹲踞，左手执盾，右手执环首刀。力士上结双髻，充满张力，令人望而生畏。

二　人物・故事

图 2.22　孔子见老子·伏羲女娲图

纵 100 厘米，横 73 厘米。东汉时期。
山东苍山出土，私人收藏。

此画像石为平面浅浮雕。画面分三层，上层中间有一柿蒂纹。左右各刻有一鸟展翅而飞，一鱼潜游于底，鸟和鱼的头部朝向中央。第二层中间见一拄曲杖老者，头戴进贤冠，侧面躬身伫立，对面之人头戴有帻之冠，与拄杖老者似在交谈，身后有一侍者。该图中，拄杖者应为老子，右侧人物为孔子及其弟子。画面左右各有一人首蛇身神人，可能为伏羲、女娲，相对而立。下层为双龙穿璧。画面上、左、右方向饰有垂幛纹。

图 2.23　龙凤·读经图

纵 128 厘米，横 100 厘米。东汉时期。
山东苍山出土，私人收藏。

画面分为四层。第一层刻有一对凤鸟，对首口衔绶带，尾羽上各立有一曲颈啄羽的小凤鸟。第二层刻五人，各自持绶端坐，人物两两之间似有梳篦。第三层刻六人，头戴有帻之冠，两两相对，共执一展开的简册做阅读状。第四层刻有两龙十字相交。画面四周刻有鸟首勾连云形纹。

图 2.24　胡人·大象·瑞兽图

纵 120 厘米，横 53 厘米。东汉时期。山东滕州出土，私人收藏。

画面为一石的正侧两面，左面为侧面，共分六格，有六对胡人面对面拱手而立，胡人深目高鼻，头戴尖顶帽。正面共分两格，上层为三只躯干相对、头部外张的神兽。下有一大象载四位乘骑之僧人，旁有侍卫二人，象下有一小动物。下层为双兽共一头。整篇画面充满异域之情。

三
灵异·祥瑞

　　汉画中的吉祥画像又称祥瑞图，是汉代"天人感应"、谶纬思想影响下的艺术表现。吉祥往往以一种物象的形式表现出来，表达了人们向往平安、如意的社会心态和美好愿望。

　　祥瑞题材的出现与汉朝推行的儒家思想有很大关系。汉武帝时，"罢黜百家、独尊儒术"，董仲舒以儒家学说为基础，又引入了道家及阴阳五行、天人感应的理论。他宣称帝王受命于"天"，是秉承"天意"统治天下的。汉代人认为，祥瑞是代表"上天垂象"的某些自然现象。与祥瑞相反的是"灾异"，上天以祥瑞或灾异来训诫人间的帝王，如帝王施行仁政、德政，天下就会太平、风调雨顺，进而出现祥瑞，反之就会出现灾变。在画像石上刻画的祥瑞图案，一方面为了给统治者歌功颂德、粉饰社会的太平，具有不可言喻的政治意义，另一方面也表达了当时人们向往幸福与安定的社会心态。

　　在谶纬思想和儒家思想的共同影响下，汉画像艺术在形式上借助于图示和符号来表达审美理想，用自然和虚拟的动植物来传递祥瑞观念，体现了汉代人蓬勃向上的精神力量和意志品质。祥瑞观念深入人心，对整个社会意识形态产生了深远的影响。

　　在中国古代，珍禽瑞兽一直是使用范围广泛、人们喜闻乐见的艺术主题，其中包含了若干不同的种类，并在汉画像石中占有较大的比重。

四神

"四神"所指为青龙、白虎、朱雀、玄武。在古文献中,"四灵"一词也常与"四神"混同使用,《礼记·礼运》将"四灵"定义为麟、凤、龟、龙。[1]有人将"四神"和"四灵"合二为一,称为"五灵",即麟、凤、龟、龙、白虎。晋代杜预《春秋左传序》:"麟凤五灵,王者之嘉瑞也。"孔颖达疏:"麟、凤与龟、龙、白虎五者,神灵之鸟兽,王者之嘉瑞也。"[2]四灵虽有总称,但在画像石中很少组合于一个画面。常见者多是龙凤在一起,或麟凤在一起,更多的是独立的"四神",包括青龙、白虎、朱雀、玄武四种动物。

"四神"最早的来源应该是原始社会的图腾,古人在图腾崇拜的基础上,将其与天文结合起来,把二十八宿按照东、南、西、北的方位划分而成的四大星区,用四神命名,每一神灵代表七个星宿。在《史记》《汉书》中将这四个星区称为"四官"或者"四宫"。从战国时代开始,人们为了解释四方,定左青龙、右白虎、前朱雀、后玄武,四个方位分别由四灵所掌管。《尚书正义·尧典》曰:"东方成龙形,西方成虎形,皆南首而北尾。南方成鸟形,北方成龟形,皆西首而东尾。"[3]我们在汉画像石上经常可以看到四神的形象,足以表现出汉人对四神的崇拜。四神不但代表了天上的星宿,还被人们赋予了更多神圣的内涵。

神熊

在汉代画像石中,熊的形象很多。熊与古代的"方相氏"有关,也与汉代人的思想相联系。熊和罴,一般认为是两种凶猛的动物,常用来比喻勇武和力量。"方相氏"为专司驱疫辟邪之神。《周礼·夏官·方相氏》云:"方相氏掌蒙熊皮,黄金四目,玄衣朱裳,执戈扬盾,帅百隶而时难,以索室驱疫。大丧,先柩;及墓,入圹,以戈击四隅,驱方良。"郑玄注:"蒙,冒也。冒熊皮者以惊驱疫疠之鬼,如今魌头也。时难,四时作

---

[1] [清]阮元校刻:《十三经注疏》礼记正义卷二十二,中华书局2009年版,第3085页。
[2] [清]阮元校刻:《十三经注疏》春秋左传正义卷第一,中华书局2009年版,第3706页。
[3] [清]阮元校刻:《十三经注疏》尚书正义卷第二,中华书局2009年版,第254页。

方相氏,以难却凶恶也。"[1] 因此,熊在画像石中或与人搏斗,或作为力量的象征,托举着物体,有时也与神话中的祥禽瑞兽在一起,成为驱鬼辟邪的神兽。

罴系熊的一种,俗称"人熊",毛有黄有赤。古人对"熊罴"连称,以为是生男子的征兆。《诗·小雅·斯干》:"吉梦维何,维熊维罴。……大人占之,维熊维罴,男子之祥。"[2] 所以后来人们称生男叫"熊梦",或"熊罴入梦",是吉祥之兆。由于熊有冬眠的习性,古人将这种行为认为是起死回生的现象,认为熊是神灵。因此,熊又多了一层长生不死的美好寓意。

熊与华夏族的早期图腾有重要关联,伏羲号"黄熊",黄帝号"有熊"。古代中国记述的神话叙事中,还有一类以"人化熊"为特色的神话母题。《山海经》汪绂注有"鲧化黄熊,入于羽渊"[3]。《楚辞·天问》洪兴祖注引《淮南子》:"禹治鸿水,通轘辕山,化为熊,谓涂山氏曰:'欲饷,闻鼓声乃来。'禹跳石,误中鼓,涂山氏往,见禹方作熊,惭而去。"[4]

鱼

鱼在汉画像中也是具有丰富象征意义和神话意义的常见动物之一。自远古时代开始,鱼与人类的生活一直保持着密切的联系,被赋予了丰富的文化内涵。鱼作为一种食物可以充饥饱腹,而作为一种符号,更是承载了很多象征寓意。鱼可表征兆和升仙;可象征富贵吉祥,多子多孙;可隐喻爱情传达思念;亦可与其他动物组合传达其他寓意。鱼与鸟一起寓意阴阳结合、生殖崇拜,鱼鸟互化更上升到远古神话及图腾崇拜的神秘境界。鱼纹作为一种符号,其美好寓意在中国传统艺术中也是必不可少的。

鸟啄鱼

汉画像中流行一种鱼鸟组合的图像母题,其中尤其是以"鸟啄鱼"图

---

[1] [清]阮元校刻:《十三经注疏》周礼注疏卷三十一,中华书局2009年版,第1838页。
[2] [清]阮元校刻:《十三经注疏》毛诗正义卷十一,中华书局2009年版,第937页。
[3] 袁珂校注:《山海经校注》,上海古籍出版社1980年版,第125页。
[4] [宋]洪兴祖撰:《楚辞补注》卷三,中华书局1983年版,第97页。

像最为普遍。其图像形式多样，变化丰富。"鸟啄鱼"图像的文化内涵，首先表达了图腾崇拜的观念，象征了不同的氏族集团及其社会关系。其次，鱼还能表达丰稔、繁多的意义，"鸟啄鱼"相当于捕获希望与财富，具有祈福、祈丰的色彩。再次，"鸟啄鱼"图像还表现阴阳交合，特别是族外婚制的引入，赋予了它生殖崇拜的文化内涵。同时，生殖观念的扩展，男女地位的变化，使得阴阳对转，"和"生万物。"和"成为社会发展与繁荣的重要因素。

"鸟啄鱼"图像还常常和祖先神祇相映衬，表现了祖先崇拜的功能。该图像与铺首衔环组合起来，表现了鱼鸟互化，突破了生死边界，反映出生生不息的生命意蕴。这种观念对汉代习俗有着相当大的影响。

汉画像中常见**嘉禾**、**木连理**和**扶桑**等植物，这些植物都带有祥瑞色彩，蕴含丰富的文化意涵。武梁祠榜题曰"木连理，王者德纯洽，八方为一家，则连理生"[1]，含有政治劝诫的意思。除此之外，在汉代画像石上还常常见到另一类树木刻纹，大多简练明晰、树干挺直，被称为"**常青树**"。常青树又称不死树、柏树和墓树，一般刻成三角形。汉代人常在墓地种植此树，以悼念故去的先人，且认为其可以斩杀鬼魅，是一种吉祥的象征。扶桑也是一种植物祥瑞，是神树、神木。桑木是蚕食之叶，后与女阴联系了起来，又出现了桑林，后来又形成了一种大祭于桑林的制度，从生殖崇拜的场所转为政治场所，《吕氏春秋》顺民篇云："昔者，汤克夏而正天下，天大旱五年不收，汤乃以身祷于桑林。"[2] 扶桑、桑树的含义十分丰富，蕴含着深厚的中国神话与哲学思想。

以神木扶桑和松柏生命神树为象征符号的树神崇拜是中国传统文化体系中的重要组成部分，它本身也是由多种因素构成，在长期的历史发展过程中形成了丰富的内涵。随着升仙思想的泛滥和经济的进一步发展，树木被赋予了越来越多的功利目的。汉代人在神树上寄托了长生升仙、生命永

---

[1] WuHung, *The WuLiang Shrine: The Ideology of Early Chinese Pictorial Art*, Stanford University Press. 1989, p.240.
[2] ［清］孙星衍撰：《尚书今古文注疏》卷三十，中华书局2004年版，第566页。

恒、子嗣众多、宗族繁盛等众多象征意义，并通过神木扶桑、松柏生命树等具体形象的符号化表现出来，反映了两汉文化的丰富性和世俗性。汉代是一个"事死如生"的朝代，神树以其丰富的内涵，让人们寄予厚望。它既是生命永恒轮回的不死树，又是借以升仙的天梯，还具有"宗"的作用，巩固家族，联系子孙。

大自然像个万花筒，瞬息万变、气象万千。日月星辰、山河大地相互联系，构成了整个自然界的美。个体的渺小和无助使人不断地求诸外身，"观象于天、俯察于地"是汉画像所要表现的内容。"天文天象"在汉代人的社会意识中有着不同寻常的地位，中国古代的天文，不是简单的自然观察，而是常与人事联系在一起。汉画像中的天文图就是一种自然审美的图像符号，体现了"天人合一"的审美观念和天显祥瑞的祯祥观念。

日月

太阳图像在汉画像中十分常见，其位置一般在墓顶，反映墓室的宇宙特点，被刻画在象征天穹的地方。太阳给万物带来了光明和温暖，在某种程度上主宰着万物的生死存亡。汉画中，表示太阳的物象有两种，一种是腹部为圆形的阳乌形象，另一种是日中的三足乌。前者有"阳乌载日"的说法，南阳画像石中有背负着日轮在天上飞的大鸟，与月亮相望，中间刻有许多星座。其神话来源于《山海经·大荒东经》："汤谷上有扶木。一日方至，一日方出，皆载于乌。"[1]这种太阳形象表明了太阳的运行状态，其飞行方向代表着日出或日落的方向。徐州汉画像中，有日中三足乌的图像。三足乌是与西王母神话有关的神鸟，专为西王母取食，后来经过变异又与阳乌的神话结合，最终成为太阳的象征。

汉画像中，月亮和太阳一样常见，其位置也在墓顶，与太阳相对。其形象在山东孝山堂、邹城孟庙、河南南阳的画像石，以及四川汉代石棺画像上都有发现。在没有灯烛的远古时代，月光照明胜于火烛。月色如水，月亮时圆时缺，具有神秘的色彩。古人对月亮产生了一系列丰富的想象，

---

[1] 袁珂校注：《山海经校注》，上海古籍出版社1980年版，第354页。

如嫦娥奔月、蟾蜍、玉兔等。月为大阴之象，玉兔文静，蟾蜍阴湿，是古人从月影中的环形山幻化出来的想象。汉代人把蟾蜍、玉兔视为月中之仙物并进而成为月亮的象征。

祥云、云气

有生命的地方自然有"气"，变化莫测的云气纹为汉画像艺术增添了一种蓬勃旺盛的生命气息。在很多的汉画像石中，我们都能在奔腾的瑞兽或祥瑞升仙图中看到缭绕的云气。云气是汉代气论哲学观在汉画像中的具象表现，同时也是汉画像艺术生命力的体现。在这些生动、形象的云气图案下，实则是一种汉代艺术所特有的生命精神，从某种程度上说，这与中国传统绘画艺术讲究"气韵生动"的审美追求是一致的，其中蕴含着丰富而复杂的文化内涵。

祥云纹是最为常见的边框纹饰之一。在汉画像中，我们时常能看到一种蔓草状的卷云纹，这些卷云纹组成一种二方连续形式的花纹，在陕北地区的汉画像石中尤为典型。这种边框纹饰刻画得质朴凝重、简洁有力，有些在画面上占有很大面积。云雷纹也是一种典型的祥瑞边框。其云朵超出了自然的形态，采用一种十分洒脱的线条进行刻画，具有浓郁的装饰意味。

十字穿环

"十字穿环"又称为穿璧图，是汉代人宇宙观的一种符号象征。"十字穿环"中的圆形被称为环，圆环象征玉璧，璧在中国古代是一种重要的礼器。古人在祭神祈福时，用其超脱自然、沟通天地的能力与祖灵相通。环和璧以其浑圆的形状，代表了苍穹和亘古不变的道，象征着圆满，象征着宇宙的秩序和生命的本源。

二龙穿璧

二龙穿璧纹也是汉画像石边框图案的主要形式之一。"二龙穿璧"中的两条龙相交，象征着一种阴阳相交的神秘力量。二龙相交，中间用圆环加以突出，不仅有性的隐喻，还有广阔的宇宙论背景。"二龙穿璧"和"十字穿环"的内涵是一致的，只是一个具象，一个抽象。"二龙穿璧"中的"璧"常以奇数出现，寓意天地交感、化育万物，以龙喻人，更是象征着阴阳合气、人神沟通以及生殖崇拜的文化原型。

　　汉画像以其丰富的象征形式，表现了汉民族的审美意识形态。祥瑞图案在汉代人的精神世界中发挥着重要的作用。但是我们必须承认，祥瑞观念同时也是人类在面对强大的自然无能为力的产物，具有一定的历史局限。对祥瑞图像的研究，能帮助我们更好地理解和感受汉画像艺术，体悟蕴藏其中的伟大的艺术魅力。

图 3.1 仙境狩猎·异兽图

纵 110 厘米，横 138 厘米。东汉时期。
安徽灵璧出土，原石现藏江苏师范大学博物馆。

画面分两层。上层为仙境狩猎场面，在仙山上有四人手执长柄网兜正在捕猎，动物们惊恐四散，有鹿、兔子等走兽和飞禽。走兽均肩生双翼，山中藏有三只貘，云气充溢其间，可证此为仙境场景。下层为异兽图，有鹿、双头兽、龙、羊头怪兽、狐狸、禽鸟等，走兽亦肩生双翼，有些身上布满鳞片。画面外圈饰有垂幛纹。原石碎成两块，右下略残损。

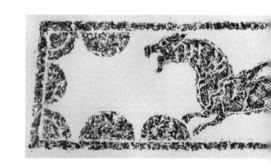

图 3.2 四神图

纵 33 厘米，横 207 厘米。东汉时期。山东枣庄出土，私人收藏。

画面中刻有四只神兽，从左到右依次为白虎、鱼、青龙和朱雀，展现了一幅宇宙仙界的天象图。四神皆头部向左，向前奔腾。白虎前还刻有垂幛纹。值得注意的是，此处北方之神以"鱼"替代了"玄武"。以四种动物譬象天之四时、地之四方。

三　灵异·祥瑞

图 3.3 四神·熊图

纵 39 厘米，横 192 厘米。东汉时期。
山东枣庄出土，原石现藏北京大学汉画研究所。

画面中间为四神与熊，从左到右依次为白虎、朱雀、玄武、熊和苍龙，四周还刻有云气环绕。《三辅黄图》云："苍龙、白虎、朱雀、玄武，天之四灵，以正四方，王者制宫阙殿阁取法焉。"[1] 而熊是华夏族的图腾之一，寓意中央。故而四神与熊一齐出现，象征着汉人宇宙观中的"东、西、南、北、中"五个方位。画面下部饰垂幛纹。

---

[1] 何清谷校释:《三辅黄图校释》，中华书局 2005 年版，第 160 页。

图 3.4　青龙·十字穿环图

纵 62 厘米，横 108 厘米。东汉时期。
安徽萧县出土，私人收藏。

这里的两幅图像为一块石头的两个侧面。正面是一行走状青龙。龙身有翼，带有鳞片，兽体灵动，龙腿和龙尾皆细而有力，颇有神采。下图为十字穿环纹。

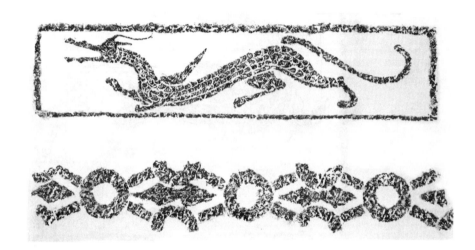

三　灵异·祥瑞

图 3.5 虎·羽人戏龙图

纵 96 厘米，横 77 厘米。东汉时期。
安徽萧县出土，私人收藏。

画面分为上中下三层。最上层为一翼虎，刻画精细，线条流畅，双目炯炯有神，身姿矫健，回首张望。中间一层为羽人戏龙。左侧为一羽人，肩背出翼、两腿生羽。右侧为一矫健的翼龙。圆睛，长嘴前突，带有鳞片，兽身灵动。最下层为十字穿环。

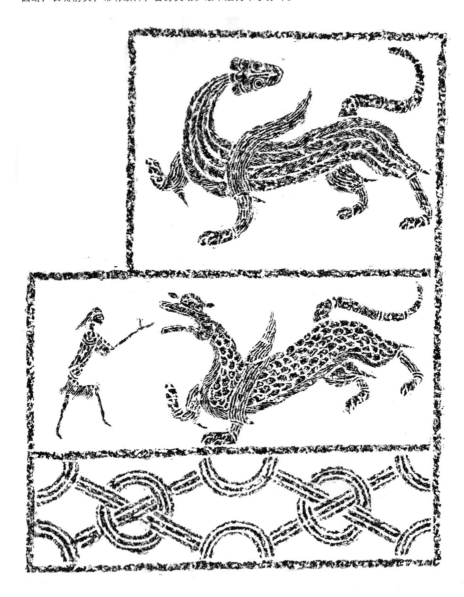

图 3.6 飞龙在天·羽人戏龙图

纵 96 厘米,横 78 厘米。东汉时期。
安徽萧县出土,私人收藏。

此石为图 3.5 的另一侧面画。画面分为上中下三层。最上层为一翼龙,虬曲回首,衔其尾,奔腾于祥云之上,似在嬉戏,表现了飞龙在天的情形。中间一层为羽人戏龙。右侧为一羽人,肩背出翼、两腿生羽。左侧为一矫健的翼龙。圆睛,长嘴前突,鼻端上翘,带有鳞片,兽身灵动。最下层为十字穿环。

三 灵异·祥瑞

图 3.7 玄武·常青树·十字穿环图

纵 106 厘米，横 76 厘米。东汉时期。
山东苍山出土，私人收藏。

画面四周刻有装饰纹样，中间部分可分三层。第一层为十字穿环。中间一层为两棵左右对称的常青树。常青树又称不死树、柏树、墓树，一般刻成三角形，汉代人常在墓地种植此树，以其悼念故去的先人。第三层刻有一玄武。

图 3.8　羽人戏凤·日轮·龙舞图

纵 55 厘米，横 170 厘米。东汉时期。
山东苍山出土，原石现藏江苏师范大学博物馆。

该石位于祠堂的上部。画面主要分为三个部分。左边为羽人戏凤。凤凰装饰华丽，面朝右边。其尾羽下有一只舞蹈的熊。凤凰右侧有一位羽人，伸手似在戏凤。中间有一日，日中有一三足鸟，象征日轮。日下有一只九尾狐，向右侧奔走。最右边为一青龙，身姿矫健，昂首奔腾，周围云气环绕。整个画面生动形象，凤翔、兽奔、羽人欢跳、青龙起舞，表现出一种和谐与自由。

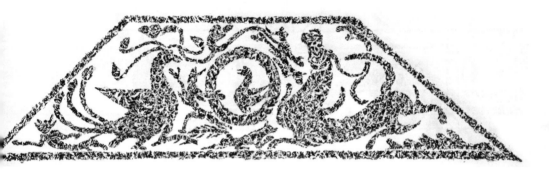

图 3.9　白虎·月轮·玄武图

纵 44 厘米，横 162 厘米。东汉时期。
出土地不详，原石现藏江苏师范大学博物馆。

该石位于祠堂的上部，与上一例归属同一祠堂。画面主要分为三个部分，最左边为一生翼的白虎，圆目怒张，昂首翘尾，做狂奔之状。中间有一月环，月中刻有一只蟾蜍和一只玉兔。右边为一鸟与蛇的合体，两首相交，应为玄武的另一种变体。鲁南、徐州地区偶尔可以见到此类并非龟与蛇组成的特殊的玄武形象。图像左下和右边刻有植物枝蔓。

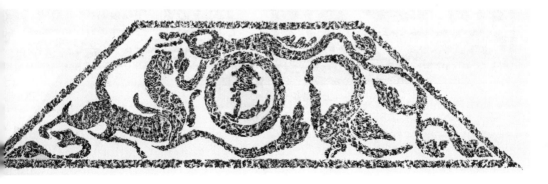

图 3.10 青龙·白虎·熊·日·月图

纵 43 厘米，横 234 厘米。东汉时期。
安徽萧县出土，私人收藏。

该石为一墓门上的横额，中部偏左处惜残断。图像可以分为三部分，画面中部最为壮观。中部左边刻有一条面向右侧的带翼的青龙，右边刻有一只带翼的白虎，中央刻有一只站立、双掌向两侧伸开的熊。画面左侧刻有一月，月中有蟾蜍和玉兔，四边有向外伸出的植物三叶纹。画面右侧刻有一日，日中有三足乌，四边同样有三叶纹装饰。

上图局部（左）

上图局部

图 3.11 双鹿·楼阁·九尾狐图

纵 98 厘米，横 30 厘米。东汉时期。安徽萧县出土，原石现藏江苏师范大学汉文化研究院。

该石画面上半部分为楼阙，楼顶有二猴攀爬，上方有九尾狐。楼阙前方空地上立有雌雄双鹿。雄鹿生两只长角，居于雌鹿下方，雌鹿回首，似在远望。

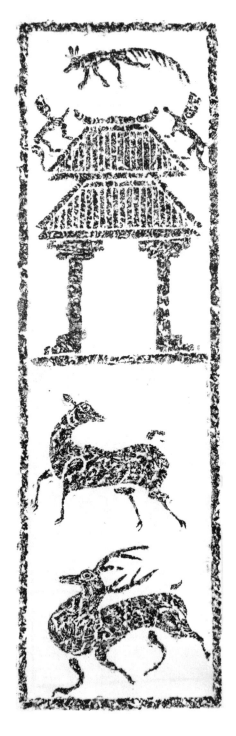

图 3.12　二龙穿璧·飞龙·禽鸟图

纵 46 厘米，横 166 厘米。东汉时期。
安徽萧县出土，私人收藏。

此石为墓门门楣石。二龙穿璧在汉画像中屡见不鲜，此图为二龙穿三璧，占据画面主体部分。两条龙穿璧相交后回首，各咬住其尾部。圆璧是天的象征，双龙象征着一种阴阳相交的神秘力量，二龙穿璧寓意天地交感、化育万物、人神沟通。左侧为一朱雀。右侧刻有一龙俯首奔腾。画面外框装饰有垂幛纹。

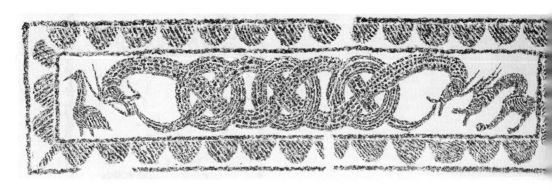

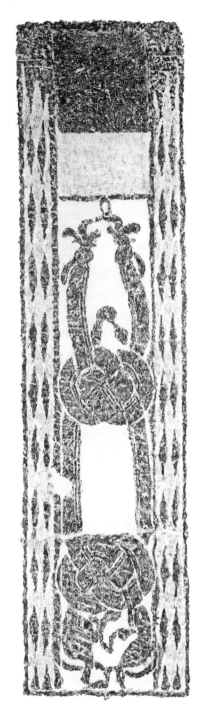

图 3.13　二龙穿璧环汉碑

纵 156 厘米，横 40 厘米。东汉时期。原石现藏徐州汉画像石艺术馆。

此画像石为汉碑的一面。画面中间刻有二龙，头部向上，呈对称状。龙体盘绕相交，曲尽其妙，相交两次，身体构成两璧。上方刻有铭文，可惜漫漶不清，首字为"□□元年七月中"，共有九行百余字，较难辨认。左右两侧刻有菱形的装饰纹。

左图　局部（上）

三　灵异·祥瑞　　　　081

图 3.14 龙·鱼图

纵 75 厘米，横 78 厘米。东汉时期。
山东苍山出土，私人收藏。

整个画面祥龙飞翔，鱼随其后，云气环绕，展现了一片祥和之气。有时鱼龙也是可以相互变化的，《太平广记》引《三秦记》曰："龙门山在河东界，禹凿山断门。阔一里余。黄河自中流下。两岸不通车马。每暮春之际。有黄鲤鱼逆流而上。得者便化为龙。"[1] 龙、鱼的四周云气缭绕，贯通天地。外框为菱形的装饰纹样。另，汉代百戏中有"鱼龙漫衍"之戏，出自《汉书·西域传赞》。

---

[1] ［宋］李昉等编:《太平广记》卷四六六，中华书局 1961 年版，第 3839 页。

图 3.15　车马出行·二龙咬尾·西王母（东王公）图

纵 90 厘米，横 100 厘米。东汉时期。
安徽萧县出土，私人收藏。

此为鼓石，画面主要分为三个部分。最下层为车马出行，二骑导一车，自右向左前行，最左边还立有一迎者。中间主体部分为二龙咬尾。此二龙瞪着大眼，长嘴前突，鼻端上翘，带有鳞片，兽身灵动，同时各咬其尾，呈现出一片奇幻的氛围。最上层画面为人物拜谒坐在悬圃之上的西王母或东王公（惜残损）。此画像由下至上三个层次，表现了汉代人心中的人间、天界和仙界。

三　灵异·祥瑞

图 3.16　二龙戏珠·五铢图

纵 21 厘米，横 108 厘米。东汉时期。
山东临沂出土，原石现藏徐州汉画像石艺术馆。

此石为高浮雕，为一墓室顶盖三角形石的侧面画像。画面中刻有两条翼龙，四足，长尾，带翼，两首相对，共同衔着一枚圆形的钱币，似乎正在嬉戏。钱币左右刻有两字"五铢"。

图 3.17 异兽图

纵 39 厘米,横 201 厘米。东汉时期。
山东滕州出土,私人收藏。

画面中间刻有一列共七只异兽,它们从右向左列队行走、奔跑、翻腾。最下层饰垂幛纹。整幅画面形象生动,富有节奏感,充满和谐之气与生命的张力。

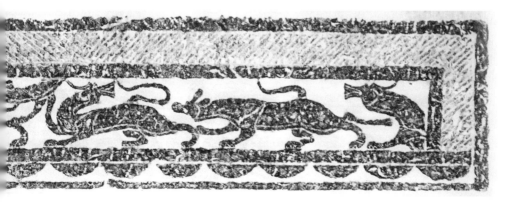

图 3.18　异兽互噬图

纵 45 厘米，横 232 厘米。东汉时期。
山东临沂出土，原石现藏徐州汉画像石艺术馆。

此石为高浮雕。画面为异兽搏斗。左起，有一熊站立，右手执一根带刺的棒，左手紧抓住右侧翼龙的尾巴。此龙颈部弯曲，头部被另一兽所咬住，自身却咬住右侧翼虎的前腿。该虎右边另有一只回首虎，将右下角的一个龙头咬住。这些异兽姿态各异，动作夸张，展现出蓬勃的生气和活力。

图 3.19 异兽搏斗图

纵 44 厘米,横 241 厘米。东汉时期。
山东临沂出土,原石现藏徐州汉画像石艺术馆。

此石为高浮雕。画面中有若干只有翼神兽撕咬搏斗。左起为首者为一只圆目怒张、头上有角、口露尖齿的神兽。其右侧为一只翼龙,其前肢被另一只虬曲回首的白虎紧紧咬住。白虎强健的身躯还缠绕着一只鸟首兽身的神兽。而另一更加凶猛的翼虎又跟随其后,张嘴露齿,咬住其翼。最后是两只兔,一大一小,也似在奔跑搏斗。画面中各种神兽筋骨强健,动态十足,或引颈长啸,或曲体腾跃,圆目怒张,撕咬、追逐、搏斗,活泼生动,极具张力。

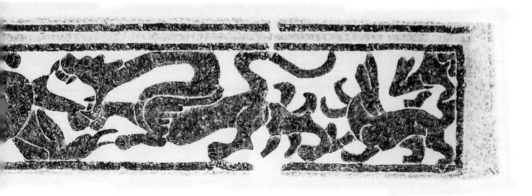

三 灵异·祥瑞

图 3.20　凤鸟·玄武图

纵 23 厘米，横 75 厘米。东汉时期。
山东临沂出土，原石现藏徐州汉画像石艺术馆。

此图为高浮雕。画面左边刻有凤鸟，身体硕大，眼睛有神，口中衔物，头有翠羽，双翅张开，尾巴上翘。右边刻有玄武，仅露前半身，蛇缠于龟上，双眼圆瞪，身上有鳞片，与龟吻部相接。

图 3.21 凤鸟·人物图

纵 106 厘米，横 36 厘米。东汉时期。
江苏邳州出土，原石现藏徐州汉画像石艺术馆。

画面上方刻有两只凤鸟，口中衔珠，被祥云环绕，立于云端。下端为两侍女，面向右侧，恭敬站立。

三　灵异·祥瑞

图 3.22 双熊·羽人侍凤·连理木图

纵 100 厘米,横 36 厘米。东汉时期。
江苏邳州出土,原石现藏徐州汉画像石艺术馆。

画面最上端刻有双熊。两熊嘴巴大张,四肢伸展,身环祥云。中间是羽人侍凤画像,羽人蹲坐在左,凤鸟衔珠居右。下端是一棵连理木,枝繁叶茂,枝叶之中有两只鸟,两只猴子,左右对称。

图 3.23 柿蒂纹·神兽·人物图

纵 100 厘米，横 26 厘米。东汉时期。山东苍山出土，私人收藏。

画面由上而下共分三层，第一层为柿蒂纹。第二层刻有一类牛神兽回首，嘴巴张开，身体健硕，头上有角，边框伸出三只鸟头寓意其在空中。第三层为两人物图。

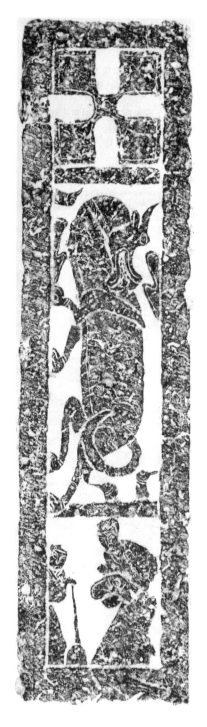

三 灵异·祥瑞

图 3.24 双熊·四神图

纵 58 厘米,横 52 厘米。东汉时期。
山东临沂出土,私人收藏。

画面分上下两层,中间以菱形纹隔开。上层刻有双熊舞蹈,击掌处托举起一棵生命树,两熊左边有一龙翻腾,身下还有一龙,以两爪托举两熊之足。下层左侧刻一巨大的衔珠凤鸟,凤鸟展开双翅,左翅、尾羽下和左侧树上各有一只鸟;右上有一似虎长耳的翼兽,向左奔腾;右下为一巨龟,迈足前行。此图四神与熊俱在,可命名为"双熊·四神图"。

图 3.25 青龙·白虎·生命树图

纵 40 厘米，横 106 厘米。东汉时期。
山东苍山出土，私人收藏。

画面外层为平行凿纹，内层为垂幛纹，画面为左白虎，右青龙，四肢伸展，中间有一棵生命树。

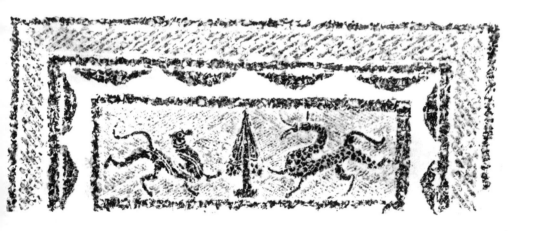

图 3.26　双龙·双头鸟画像

纵 48 厘米，横 200 厘米。东汉时期。
山东临沂出土，原石现藏徐州汉画像石艺术馆。

此图为减地平面线刻加高浮雕，左侧三分之一处断裂。画面左右各有一条龙，相向奔走，嘴巴大张，牙齿锋利，身上阴线刻有鳞片。两龙之间为双头鸟，鸟头相对，左右展翅，双腿叉开，身上阴线刻有细致的羽毛。双头鸟姿态与罗马帝国同类图像有相似之处，值得注意。

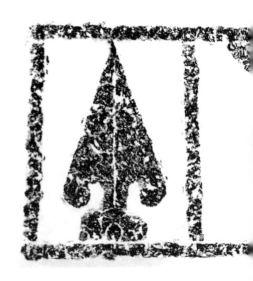

图 3.27 对羊·生命树图

纵 32 厘米，横 112 厘米。东汉时期。
山东枣庄出土，原石现藏徐州汉画像石艺术馆。

画面自左向右分为三格，左右两格各刻有一棵生命树。中间一格上端为垂幛纹，中央画面为两羊相向而立，犄角相顶，呈搏斗状。

图3.28 乘龙升天·十字穿环图

纵80厘米,横68厘米。东汉时期。
山东苍山出土,私人收藏。

画面分为上下两层,上层画面上端云气环绕,云气下为两人各骑一龙,龙身生羽翼,被缰绳牵引。下层为十字穿环纹。

图 3.29 群鸟·群兽图

纵 80 厘米，横 145 厘米。东汉时期。
山东枣庄出土，私人收藏。

画面分左右两格，每格外层为平行凿纹，内层上侧及左右两侧为垂幛纹，下侧为菱形纹。左格刻有五只鸟，左上角有祥云。右格有一白虎，呈蜷卧状，虎背上立有一大鸟，大鸟口中衔珠，一只神兽趴在大鸟背部，画面左端有一龙，口中也衔有宝珠，嘴部与大鸟相对。

三 灵异·祥瑞

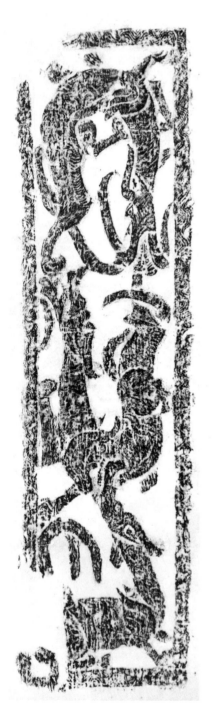

图 3.30 三龙互噬图

纵 97 厘米,横 26 厘米。东汉时期。
山东苍山出土,私人收藏。

该石上刻有三条翼龙,身躯曲折,互相噬咬着对方。画面外框饰有水波纹。

图 3.31　白虎·朱雀图

纵 93 厘米，横 54 厘米。东汉时期。
山东苍山出土，私人收藏。

画面外层为垂幛纹，内层为平行凿纹。画面中间有一头双身白虎，张牙舞爪，身上刻有花纹。白虎之上立有三只朱雀，其中两只呈回首状。白虎下端有一异兽，鸟头兽身，或为格里芬，左爪向前，尾部上翘，与虎右前爪相连。格里芬背部伸出一只鸟头。

三　灵异·祥瑞

图 3.32　奇禽瑞兽图

纵 42 厘米，横 207 厘米。东汉时期。
山东苍山出土，私人收藏。

画面最上端刻有平行凿纹，上侧及左右两侧为菱形纹，下侧为垂幛纹。画面最中间为并颈鸟，双喙相接，内足相交。并颈鸟的左侧依次刻有朱雀、青龙、白虎、熊。青龙与白虎身体相背，回首相向，熊张臂向虎。并颈鸟的右侧依次刻有异兽、白虎、青龙。异兽尾巴长，呈卷曲状。白虎头为正面，张开上肢，身体弯曲。青龙身体向右，头部回首向左，头部左方刻有一条鱼。

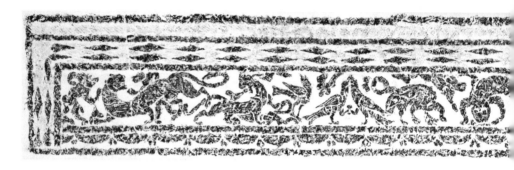

图 3.33 二龙穿璧图

纵 42 厘米，横 153 厘米。东汉时期。
山东滕州出土，私人收藏。

此石左侧残损。画像刻有二龙穿五璧，龙首折回，在下方向左侧延伸，嘴巴微张，含灵芝仙草，尾巴卷曲。画面下方有菱形纹装饰。

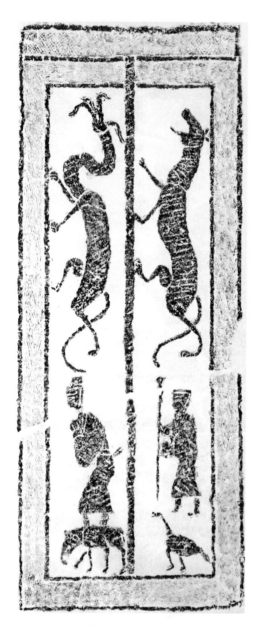

图 3.34 四神·人物画像碑

纵 140 厘米，横 58 厘米。东汉时期。山东苍山出土，私人收藏。

此汉画像石为汉代石碑画像。画面上端刻有平行凿纹，图像四周刻有菱形纹。画面分为左右两格，左格上端有一青龙，下端有一人物站立于大象之上。右格上端有一白虎，与青龙相对应，下端有一人物持杖，最下端为一朱雀。此例中，四神中的玄武或被大象所替代。

图 3.35 凤·龙·虎·人物画像阙

纵 160 厘米，横 59 厘米。东汉时期。
山东枣庄出土，私人收藏。

该幅画像为一石阙，石残。画面最上端为屋檐，屋檐下为一凤鸟，双翅展开。凤下依次刻有平行凿纹、菱形纹和连珠纹。画面中部存两三个人物，相对而坐，手持鼗鼓。画面最下方刻有左白虎、右青龙，周围饰有平行凿纹、菱形纹，装饰纹右侧刻有竖排铭文，文字残留："□□先增王奉父将军家本故□溉郭□□□□□□表亲女父伯□从弟文生从弟伯通从兄子□□。"

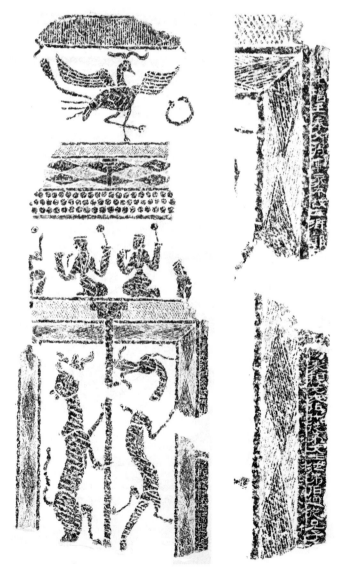

左图局部（右下）

三　灵异·祥瑞

图 3.36　龙·人面兽图

纵 96 厘米，横 78 厘米。东汉时期。
山东临沂出土，私人收藏。

画面四周刻有平行凿纹，内侧为垂幛纹。画面分上下两格，上格四周祥云环绕，中间盘旋着三条龙。下格为一人面兽，眼睛炯炯有神，头戴山形冠，身体庞大且带有花纹，尾巴卷曲，下有祥云。

图 3.37　朱雀图

纵 80 厘米，横 33 厘米。东汉时期。
山东临沂出土，原石现藏徐州汉画像石艺术馆。

此石技法为高浮雕。右上侧残。画面分上下两格。上格刻有两只鸟，上面有一只大鸟头部向右下方，口中衔珠，双腿之间刻有一只鸟向上探头，口中亦衔珠。下格刻有大鸟，头部残缺，其后有一鸟头伸出。

三　灵异·祥瑞

图 3.38　翼虎图

纵 24 厘米，横 78 厘米。东汉时期。
山东临沂出土，私人收藏。

此石技法为高浮雕。画面刻有一只翼虎，眼睛炯炯有神，口部大张，牙齿尖利，头部回转，身体壮硕，后腿弯曲，做蹲踞状。翼虎右肩处探出一鸟头。

图 3.39 翼虎图

纵 26 厘米,横 111 厘米。东汉时期。
山东临沂出土,原石现藏徐州汉画像石艺术馆。

此石技法为高浮雕。画面刻有一带翼巨虎,嘴巴张开,向左奔走,獠牙锋利,虎头左下方有一鸟头。

三 灵异·祥瑞

图 3.40　大熊·羊头怪图

纵 75 厘米，横 35 厘米。东汉时期。
山东临沂出土，原石现藏徐州汉画像石艺术馆。

此石技法为高浮雕。画面分为上下两层，中间以平行线隔开。上层为一大熊，盘坐伸爪，嘴巴大张。下层为一羊头怪，角长眼大，嘴巴大张，牙齿锋利，生有翅膀。

图 3.41 熊·虎图

纵 85 厘米,横 43 厘米。东汉时期。
山东临沂出土,原石现藏徐州汉画像石艺术馆。

此石技法为高浮雕。画面分上下两层,上层为一虎盘卧,张开大嘴,身上有翼,头部向下。下层为一熊正面趴卧,张牙舞爪,嘴中似衔有一物。

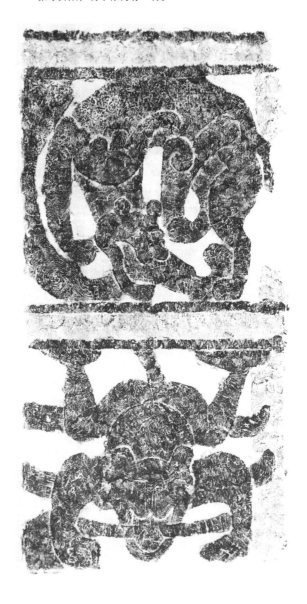

图 3.42　长角神兽图

纵 50 厘米，横 65 厘米。东汉时期。
山东临沂出土，原石现藏徐州汉画像石艺术馆。

此石呈三角形，技法为高浮雕，左侧残损，为汉画像石墓上方的收顶石。画面刻有一长角神兽，眼睛炯炯有神，嘴巴大张，头上生角，身体壮硕，或为方相氏。

图 3.43 大熊·北斗图

纵 56 厘米，横 111 厘米。东汉时期。
山东临沂出土，原石现藏徐州汉画像石艺术馆。

此石技法为高浮雕。画面刻有一正面大熊，嘴巴张开，牙齿锋利，手执鼓槌，四周环绕北斗七星。画面左右下侧各有一龙首。该石与图 3.42 为同一墓顶的顶石。

图 3.44 玄武图

纵 148 厘米,横 83 厘米。东汉时期。
山东苍山出土,私人收藏,

画面刻有一玄武,龟首生耳,一蛇盘绕其上,二首相对。图像左、下、右三侧有平行密集的细凿纹装饰。主体图像地章饰以斜凿纹。

图 3.45　一足鸟·羽人侍麒麟·虎逐鹿图

纵 98 厘米，横 54 厘米。东汉时期。
安徽萧县出土，私人收藏。

画面中有三组图像。最上面为一巨大的鸟，一足而立，身上有羽，尾似鱼尾。中间为一披发羽人为麒麟捧食。麒麟头顶上有一角，有长须。最下面为一虎在追逐一只小鹿，小鹿回首凝视着背后的虎。虎有长须，身上有斑纹。

三　灵异·祥瑞

图 3.46　铺首·人物·龙凤图

纵 97 厘米，横 92 厘米。东汉时期。
江苏邳州出土，原石现藏徐州汉画像石艺术馆。

画面左侧有一巨大的人面铺首，右侧为一身着深衣站立人物，身材高大。整个画面充溢着云气。铺首上有二羽人同凤凰在云中嬉戏，凤凰立于铺首山形冠上。右上有龙乘云而行。人物和铺首之间有一龙后肢倒立翻腾，左下立有一小凤凰。此为一墓门画像。

图 3.47　人物骑象·人物翼马图

纵 57 厘米，横 112 厘米。东汉时期。出土地不详，原石现藏徐州汉画像石艺术馆。

画面呈半圆形。中心区域左侧为一人物骑象，手执一钩钩住象鼻。其右侧有一匹带翼的马，马右侧站立一位手执环首刀的胡人。天空中有两只鸟向左飞翔。弧形部分有垂幛形装饰带，下部有菱形装饰带。

图 3.48　瑞兽·鸟啄鱼图

纵 133 厘米，横 102 厘米。东汉时期。
山东苍山出土，私人收藏。

画面四周有边栏双重，内饰穿璧纹、垂幛纹。中央画像自上而下分为四层，第一层刻二鸟，相背而立，回首相望，二鸟上方另刻两只鸟头，从边框伸出，鸟头相对；第二层刻两只翼龙，亦背向而立，回首相望，后腿相接，尾部上翘；第三层刻龙凤，一长尾凤鸟立于龙背之上，二者均面左；第四层刻双鸟啄鱼，鱼背右上立一张翅鸟，低头啄鱼，左上刻一鸟头，亦欲啄鱼。

图 3.49 十字穿环·凤鸟·双鱼图

纵 105 厘米，横 76 厘米。东汉时期。
山东苍山出土，原石现藏江苏师范大学博物馆。

画面中间刻一十字穿环将画面一分为四，上方刻一大一小两条背向的鱼，下方刻一大一小两只凤鸟，左、右各刻两只长尾凤鸟，呈对称状。画面顶部饰以垂幛纹。

图 3.50　凤鸟·人面兽图

纵 60 厘米，横 90 厘米。东汉时期。
山东苍山出土，原石现藏江苏师范大学博物馆。

该石呈等腰三角形，为平面浅浮雕，画面上部刻一凤鸟，仰颈张口，双腿迈开。画面下部左、右各刻一人面异兽，一头双身，左侧似为束发，右侧似头戴尖顶帽，人首均生于兽之腰际。

图 3.51　三鸟图

纵 58 厘米，横 96 厘米。东汉时期。
山东苍山出土，原石现藏江苏师范大学博物馆。

该石呈等腰三角形，为平面浅浮雕，画面上部刻一倒立的凤鸟，头朝左；下部左、右刻一对相向、对称的凤鸟，双腿迈开，尾部似鱼尾。

图 3.52　鸟啄鱼图

纵 65 厘米，横 53 厘米。东汉时期。
山东苍山出土，私人收藏。

该石为平面浅浮雕，右上角和右下角残缺，画面正中刻一长颈、长喙的大鸟，立于鱼背之上，低头啄鱼，鸟后有云气纹。画面外圈饰有斜凿纹。

图 3.53 鸟啄鱼图

纵 77 厘米,横 57 厘米。东汉时期。
山东微山出土,原石现藏中国航海博物馆。

该石为平面阴线刻。画面上、下、左三侧以阴线雕刻三只鸟。上、下两只鸟均口啄一鱼。

图 3.54　凤鸟·车马图

纵84厘米，横56厘米。东汉时期。
江苏徐州贾汪出土，原石现藏贾汪区白集汉墓陈列馆。

画像由上而下可分为三层。第一层刻龙凤呈祥，共九只鸟，上部刻七只鸟飞翔，下部左、右对称，各刻一长冠、长腿凤鸟，鸟头朝两侧，各踩住一龙，龙头朝向凤鸟，二龙中央有一小兽；第二层刻凤鸟啄鱼，上部刻九只鸟呈飞翔状，下部左端刻两只展翅凤鸟，各自单脚站立，另一脚呈交接状，右端刻一长冠、长尾、展翅的凤鸟，正低头啄一鱼；第三层刻车马，画面正中刻一树，树下歇一马，树上有四只鸟，树的左侧还有两只飞鸟，树后立一木桩，桩上拴一辎车，车上有二猴攀爬，车盖右上角有两只鸟探出头来。

图 3.55　龙凤·车马图

纵 84 厘米，横 55 厘米。东汉时期。
江苏徐州贾汪出土，原石现藏贾汪区白集汉墓陈列馆。

画像由上而下可分为三层。第一层刻双凤，画面正中刻两长冠、长尾、接喙衔丹的凤凰，双腿迈开，双凤中间刻一小铺首，上部刻六只飞鸟，下部亦刻六只鸟头，中间两只鸟两喙相接。第二层刻双龙、双凤，画面正中为两只交颈、接喙、长冠、长尾的凤鸟，凤鸟上方刻双龙，左、右对称，龙头相向，双龙身后各有一鸟，双凤下方刻六只鸟，中间两只亦接喙。第三层刻车马，画面正中刻一轺车，马背上方有一猴攀跃，车盖上有一长尾瑞兽，瑞兽前有三只飞鸟。轺车前、后各有一人，头戴进贤冠，左手高举，右手持缰绳骑马随行，三马皆抬左前蹄做行走状。

三　灵异·祥瑞　　123

图 3.56　双鸟·人面鱼图

纵 90 厘米，横 73 厘米。东汉时期。
山东苍山出土，私人收藏。

画面四周边栏有三重，内饰垂幛纹。中间刻两只低头、站立的凤鸟，呈对称状，身边有云气。两凤鸟下方刻一人首鱼，左向而行，依郭煌佛爷庙湾西晋墓群彩绘砖画中同类图像的榜题，应为"鲵鱼"。[1]

---

[1] 原墨书榜题作"儿鱼"，为"鲵鱼"之简写，见殷光明《敦煌西晋墨书题记画像砖墓及相关内容考论》，《考古与文物》2008 年第 2 期。

图 3.57 鸟啄鱼·拴马·建筑图

纵 74 厘米，横 67 厘米。东汉时期。
山东苍山出土，私人收藏。

该石为平面阴线刻，应为石椁的挡头。画像上、下分为两层。上层刻一长尾凤鸟啄鱼。下层左格刻一树，树上立二鸟，树下拴一马，右格刻一建筑，房檐分为两层。

三 灵异·祥瑞

图 3.58 十字穿环·鱼图

纵 99 厘米，横 78 厘米。东汉时期。
山东苍山出土，私人收藏。

该石为平面浅浮雕。画面四周边栏有三重，内饰垂幛纹。画像上、下分为两层，第一层刻十字穿环，中央五环刻画完整；第二层刻一肥硕大鱼。

图 3.59　鸟啄鱼图

纵 96 厘米，横 46 厘米。东汉时期。
安徽萧县出土，私人收藏。

该石为平面浅浮雕。画面上端刻一长喙、长颈、长腿凤鸟，双腿迈开，头朝后；中间刻一鱼；下部亦刻一长喙、长颈、长腿凤鸟，双腿迈开，头朝前啄鱼。两只凤鸟的尾部似鱼尾。

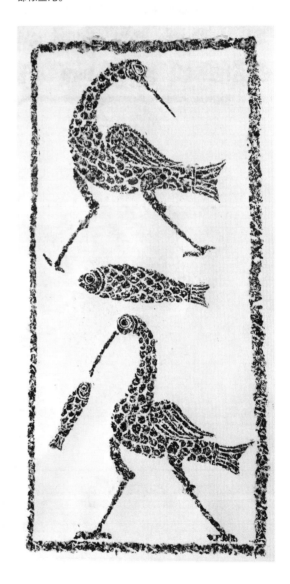

图 3.60　十四条鱼图

纵 23 厘米，横 145 厘米。东汉时期。
山东苍山出土，私人收藏。

该石为平面浅浮雕。画面上共刻十四条鱼，大小相似，双排，两两一对，头朝左，似鲤鱼。

图 3.61 十一条鱼图

纵 23 厘米,横 140 厘米。东汉时期。
山东苍山出土,私人收藏。

该石为平面浅浮雕。画面上共刻十一条鱼,大小相似,似鲤鱼,左起共四组双排,两两一对,左边三对头朝左,右边一对头朝右,其右侧刻一对吻呈"八"字形双鱼,右上角还刻一鱼,头亦朝右,但只有鱼头和前半段鱼身,尾部残缺。

图 3.62　十八条鱼图

纵 39 厘米，横 232 厘米。东汉时期。
山东苍山出土，原石现藏中国航海博物馆。

该石为平面浅浮雕。画面上方有边栏两重，内饰垂幛纹。画面上共刻十八条鱼，大小相似，双排，两两成对，头朝左，似鲤鱼。布局均衡，排列有序，有装饰的形式美。

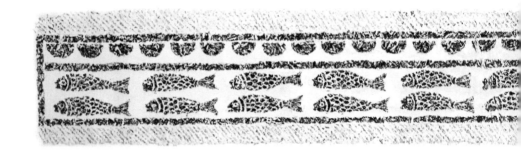

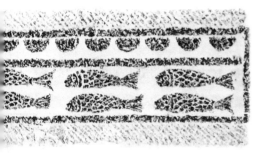

图 3.63 鱼鸟图

纵 26 厘米,横 90 厘米。东汉时期。
山东苍山出土,私人收藏。

该石为平面浅浮雕。画面左端刻一巨鱼,似为鲤鱼,头朝右。鱼前刻一长颈、长腿的大鸟,形似鹳鸟,鹳鸟右脚单立,出画框,左脚抬起,低颈朝后,头与鱼相对。

图 3.64　柿蒂纹·三鱼图

纵 38 厘米，横 110 厘米。东汉时期。
山东苍山出土，私人收藏。

该石为平面浅浮雕，画面上、左、右三面有边栏两重，内饰垂幛纹，其中上、右两面以平行凿纹填充。画像从左到右共分三部分，左、右两端刻柿蒂纹，中间共刻三条鱼，上刻一条鱼，头朝左，左、右亦饰有两个垂幛，下刻两条鱼，头相对。

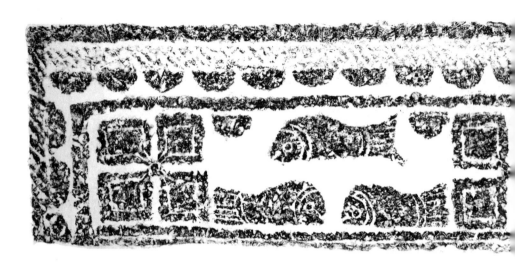

图 3.65 十字穿环·鱼图

纵 58 厘米，横 154 厘米。东汉时期。
山东苍山出土，私人收藏。

该石为平面浅浮雕。画像从左至右分为三格。第一格上、左、右三面有边栏，内饰平行凿纹，画面分两层，上层刻十字穿环，下层刻垂幛纹；第二格无画像，以平行凿纹填充；第三格上、左、右三面有边栏，内饰平行凿纹，画面自上而下分为三层，第一层刻十字穿璧，第二层刻一大鱼，第三层刻垂幛纹。

图 3.66　凤鸟·双鱼图

纵 88 厘米，横 74 厘米。东汉时期。
山东苍山出土，私人收藏。

该石为平面浅浮雕。画面四周有边栏三
重，内饰垂幛纹。画像分上、下两层，
上层刻长尾、张翅、向左站立的凤鸟；
下层刻双鱼，平行向右。

图 3.67　十字穿环·凤·异兽图

纵 68 厘米，横 132 厘米。东汉时期。
山东苍山出土，私人收藏。

该石为平面浅浮雕。画面左、右两面有边栏三重，分别刻平行凿纹、双菱纹、垂幛纹，上面边栏两重，内饰双菱纹、垂幛纹。中央画像分上、下两层，上层刻十字穿环；下层中间刻一长尾凤鸟，双腿迈开，朝左做奔走状，凤鸟前方刻一向左奔跑的异兽，凤鸟后刻一仙人骑兽，底部装饰有卷云纹。

三　灵异·祥瑞

图 3.68　鸟啄鱼·常青树图

纵 88 厘米，横 80 厘米。东汉时期。
山东苍山出土，私人收藏。

该石为平面浅浮雕。画面四周有边栏，顶部饰十字穿环纹，左、右和底部饰平行凿纹，左上角和右上角各刻一圆轮，内饰平行凿纹。画像正中刻两只长腿、张翅、对立的凤鸟，同衔一鱼，凤鸟下刻两棵常青树，两树间亦有一鱼。画像四角饰圆弧纹。

图 3.69　十字穿环·鱼·铺首图

纵 73 厘米，横 141 厘米。东汉时期。
山东苍山出土，私人收藏。

画面分左右两部分。左侧为一十字穿环图，环下方有一大鱼，面朝右。右侧外层装饰有平行凿纹，内部有一铺首，铺首上有一鱼，面朝左。

图 3.70 双铺首·双凤图

纵 107 厘米,横 88 厘米。东汉时期。
安徽萧县出土,私人收藏。

主要画面为双凤立于双铺首上,左右对称。凤鸟头朝内,长尾,身上有鳞片状羽毛。铺首的山形冠内有圆圈装饰。画面外围装饰有一圈锯齿纹。

四
生产·生活

汉画像石中,有很多描绘汉代人生产、生活场景的图像,它们将两千多年前汉代人的生活面貌真实细致地展现在我们面前。有些描绘了汉代人的劳动场景,如纺织、耕作、冶铁、采盐等。其汉画像石数量较多,题材也是五花八门。有些侧重于世俗的享乐,如庖厨、乐舞、百戏、狩猎。还有些侧重于军事或体育方面,如械斗、蹶张、人兽搏斗、武库,甚至有些画像石还表现了民俗文化中的送葬场景。

汉代人的**体育活动**是一扇窗口,从中可以窥探到汉代人日常生活中修身养性和崇尚力量的艺术姿态。这种尚勇精神,是汉代社会锐意进取的精神象征。在汉代,人们把军事体育融以娱乐的形式。汉代帝王和贵族大多喜爱狩猎活动,班固《西都赋》云:"尔乃盛娱游之壮观,奋泰武乎上囿,因兹以威戎夸狄,耀威灵而讲武事。"[1] 汉代的皇帝狩猎有专门的场地,例如汉武帝就在长安城西建上林猎苑。而汉代的王侯贵族会到郊外的山野之中去狩猎。骑射本来是一项重要的军事项目,在汉代成为一种提高射箭本领的训练方式。汉代人把高难度的骑射融入狩猎比武这一娱乐活动之中,不仅仅为了强身健体,也可以在欢快的奔驰中享受身心的愉悦。

中国饮食文化源远流长,孔子曰"食不厌精,脍不厌细"[2]。汉画像中

---

[1] [梁]萧统编,[唐]李善注:《文选》,上海古籍出版社1977年版,第28页。
[2] [清]阮元校刻:《十三经注疏》论语注疏卷十,中华书局2009年版,第5419页。

的**庖厨**图就是这种文化的反映。汉代以国家或官方形式组织的飨宴活动十分丰富，如祭祀祖先、答谢乡亲、庆祝胜利、外交活动等等。民间也在力所能及的范围内以丰盛的宴席招待宾客。汉代造型艺术中的飨宴场面比比皆是。汉画像中的庖厨图表现的不仅是简单的现实生活，还具有一定的祭祀意义，是家庭为祭祀祠主准备祭食的场面。祭祀是在特定的场所，如"祠堂"中进行的，祠堂画像中的庖厨图，就有向祖先魂灵祭食的意义。狩猎图常与庖厨图配置在一起，表现的是为祭祀祖先准备"血食"的场面，是人们举行祭祀活动的前奏。庖厨图中刻有很多屠宰牺牲的场面，其内容主要包括屠杀六牲（牛、羊、豕、马、狗、鸡）、剖鱼等等。庖厨图中，杀牲主要以椎击为主，杀牲前，先用木椎打击祭牲的头部，将其打晕，然后再举刀、放血，进行一系列的肢解宰割。

如果说庖厨图是为了"飨祖"，那么常与庖厨图共同出现的**乐舞**图更多是为了"娱神"。庖厨图像还常常与贵宾宴饮以及文人雅士的投壶、六博等活动结合在一起。作为祠堂画像中的重要内容，乐舞图在早期祠堂和晚期祠堂的画像中都可以见到，而且常与庖厨图配置在一起。一般庖厨图配置在下层，乐舞图配置在上层。

在汉画像石中，反映乐舞的场面很多。它一方面表达着沟通神灵的期望，一方面表现出民间的娱乐性。在祭祀活动中，乐舞是人和神沟通的媒介，是进献、取悦神灵的礼物。在礼仪活动中，乐舞是礼仪的传达者，也是礼乐的载体。在汉代，乐舞是祭祀典仪活动的重要组成部分，祭祀和礼仪程序都要通过乐舞来展开。因此，乐舞是当时国家礼仪制度的重要体现。

乐舞图像作为汉画像石中必不可少的内容，是两汉社会生活的重要组成部分，也是社会生活的常见娱乐手段。根据史料记载，汉代有诸多娱乐方式，如宴乐、舞蹈、百戏等等。乐舞百戏既慰藉了墓主人的亡灵，又慰藉了尽孝的后人。乐舞图作为取悦神灵和祖先的重要工具被刻画到汉画像石中，还源于汉人升仙观念的驱使。在汉代人的思想意识里，歌舞祀神灵是升仙过程中不可缺少的手段。

建鼓舞是汉代非常流行的舞蹈。建鼓舞可用于传递信息、宫廷演奏、举行仪式等,由上层社会和官方垄断,在舞蹈中占有极重要的地位。建鼓有基本的鼓樴、鼓身和鼓座,多数饰以羽葆和华盖。有些建鼓上更饰以束帛和玉璧。在西汉时期,束帛和玉璧是珍贵的礼物,也是沟通神灵的重要道具。人们将这些华贵物品装饰在建鼓之上,清晰地表明了建鼓舞的祭祀意图。建鼓的底座也大不相同,有虎形、羊形、蟠螭形、几何形等,由两位击鼓的乐人在底座两侧敲击建鼓。建鼓樴柱上方装饰的羽葆也不尽相同。从汉画像石资料来看,羽葆可分为飞翔的鸟翅状、三角状、装饰多层流苏状和无装饰状等几种。

建鼓舞图像周围出现的动物也有其不同的意义。常见的动物为鹊和猴子,另外也出现过凤鸟、虎、鱼等。鹊和猴子都代表着积极的愿景,如鹊通"爵",猴通"侯",具有令后代加官晋爵的象征含义。除了建鼓之外,击鼓之人的姿态也各有不同。他们或直立或屈膝,或反身或跪地,为我们展示出各异的击鼓形态。击鼓乐人的姿势与鼓身的高低也有一定的关系。

大傩原本是一种全民群体的驱鬼舞蹈,后来逐渐成为皇室仪式与民间礼俗。大傩驱鬼仪式在汉代墓葬文化中的意义,主要是清除一切鬼魅,为墓主升仙扫清道路。人不可能不死,死后顺利升仙,才是汉代人的终极目标。汉人运用这种特定的仪俗,通过汉画像石夸张的描绘手法,把信仰和愿望刻画出来,使死亡变成另一种美好生活的开始,从而使生者不再惧怕死亡。傩仪的表演意味着升仙之路的开始,墓主即可在巫师的帮助下,在各种瑞兽的引导下,走向漫漫升仙之路。

闻一多认为:"乐舞是生命机能的综合表演,是生命情调最直接、最单纯的表现。"[1]正是因为汉人对精神文化的需求,制造了社会对娱乐文化的追求,才使得各种舞蹈百花齐放。汉画像石中的乐舞百戏图不仅保持了宗教礼仪的神秘性,其娱人功能又使其表现出宗教礼仪向世俗过渡的特征。

---

[1] 林文光选编:《闻一多文选》,四川文艺出版社2010年版,第101页。

汉代娱乐活动中，**百戏**艺术也得到了长足的发展。汉画像石中的百戏图像俯拾皆是，百戏成为汉代人娱乐生活的重要内容。随着各民族的文化交往、文化交流的增加，百戏艺术不断吸收了域外的养分，种类不断增加，内容日益丰富，对后世的表演艺术发展有着深远的影响。

汉代百戏艺术的种类主要有倒立、柔术、跳丸、扛鼎、舞轮、耍坛、旋盘、都卢寻橦、陵高履索、冲狭燕濯、逆行连倒等。不仅宫廷沉迷于百戏的表演，民间的各类杂耍也发展得如火如荼。此外，百戏还包括幻术、角抵之术、斗兽与驯兽、象人之戏、俳优与谐戏、傀儡术等。幻术又称为魔术，表演的节目大体有"鱼龙曼衍""易貌分形""吞刀吐火""画地成川"等；角抵可以分为徒手相搏、徒手对器械和持械相斗等形式；斗兽一般分为持械和徒手两种，而驯兽一般都会带有工具，代表剧目有"东海黄公"；汉代的象人主要指戴假面装扮成各类神仙、神兽的演员；俳优与谐戏主要指身躯短粗、赤裸与滑稽的乐人表演的节目；傀儡术则主要指木偶戏。在汉代，百戏不仅仅用于世俗享乐，还往往出现在丧葬仪式中，承载了宗教诉求。

图 4.1　庖厨图

纵 43 厘米，横 168 厘米。东汉时期。安徽萧县出土，私人收藏。

画面描绘了庖厨景象。画面共刻五人，均为侧面表现。左侧有一灶台，两伙夫居前栳火。中间刻有两人，跽坐于地，一人似在淘米或洗菜，另一人似在举刀操作，横梁上悬挂猪腿、鱼等美味。画面右侧有一人在摇辘汲水。画面顶层边栏刻云气纹，底层边栏刻卷云纹。

四　生产·生活

图 4.2 罩鱼图

纵 40 厘米，横 165 厘米。东汉时期。
山东苍山出土，私人收藏。

画面四周有边框两重，内饰平行凿纹。画像左、右两端刻两条头部相对的大鱼，两大鱼中间刻二人罩鱼。二人皆左手执网罩，右手拉一鱼，左腿弓步向前、弯身做拉鱼状，前者身后刻三条鱼，后者拉一鱼于右端大鱼身上。

图 4.3 纺织·凤鸟图

纵 95 厘米，横 69 厘米。东汉时期。
山东苍山出土，私人收藏。

该石四周有边框，内侧分别饰有菱形纹和垂幛纹。画面共分两层。第一层为纺织图，共刻五个人物。中有一络车，左侧妇人跽坐，右侧妇人弯腰向后纺织，后有一人跽坐，右上方有人操作一小型络车。第二层为凤鸟图，凤鸟长冠长尾，身有羽片，身旁有异兽探出头来。

四　生产·生活　　145

图 4.4　舂米·扬场图

纵 60 厘米，横 137 厘米。东汉时期。
徐州汉画像石艺术馆收藏。

左侧石残。画面刻画了汉人生产劳作的场景。中心画面左侧刻有二人舂米，一人立于碓床之上，手扶床栏，脚踏碓杆，一人跽坐，合力舂米，起落似有乐感。房梁上挂着一只兔子、两条鱼和肉类。鱼的下方有一人捣米，一人筛米。画面右侧为扬场，扬场者右边有公鸡啄食，空中有七八只鸟欲来抢食。画面上方与右方边栏环绕十字穿环纹饰，下方边栏刻有垂幛纹。

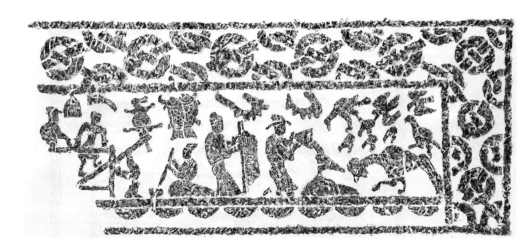

图 4.5　乐舞·拜谒·庖厨图

纵 133 厘米，横 108 厘米。东汉时期。
山东苍山出土，私人收藏。

画面分四层，最外围饰以垂幛纹，内侧饰以菱形纹。画面由上至下第一层为乐舞图，一鼓琴乐人为一长袖舞者伴奏，两边有三人或跪或立随侍。画面第二层为拜谒图，刻有站立的六人，疑为孔子见老子。画面第三层为庖厨图，天花板上挂着鱼和容器，左侧二人淘米，右侧大人似在陪一脚踏碓杆的小儿舂米。第四层亦为庖厨图，天花板上挂着鸡和兔子，左侧一人跽坐于灶前添柴烧火，右边一人淘米一人汲水，生动呈现了人们在庖厨时紧张忙碌的状态。

四　生产·生活

图 4.6　人物·六博图

纵 94 厘米，横 46 厘米。东汉时期。
江苏邳州出土，原石现藏江苏师范大学博物馆。

外饰边栏为菱形纹。画面共分三层。第一层刻有三人正面并立，从服饰上看为女性，顶层有云气纹。第二层有四人并立，拱手所捧之物为简牍。第三层为二人对博图，画面有酒樽与耳杯置于地上，中央有一博局。右侧一人双手摊平，注视箸枰。左侧一人似在投箸。

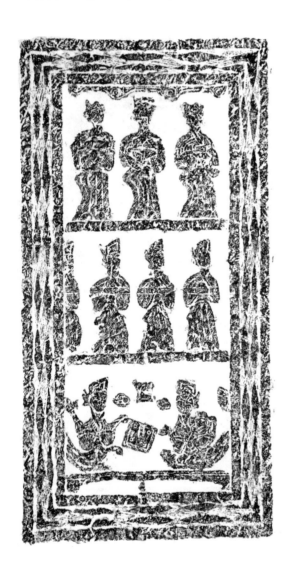

图 4.7 狩猎·比武图

纵 62 厘米，横 270 厘米。东汉时期。
山东苍山出土，私人收藏。

该石略有残损。画面左侧刻画了人虎搏斗与猎人围捕猎物的场景，右侧为人物执器械比武。狩猎者持刀、叉、网等追逐野兽，身后有人做指点呐喊状。右侧比武场面形势激烈，有四个人相互打斗。画面顶部有若干骑手策马而来。画面刻画的猎物有鹿、大象、羊、禽类等。右侧边栏饰以垂幛纹。

四　生产·生活

图 4.8　羽人戏凤·乐舞百戏图

纵 70 厘米，横 172 厘米。东汉时期。
山东苍山出土，私人收藏。

画面分上下两层。上层，两侧为羽人戏凤，一熊倒立于画面中央。羽人纤小轻盈，长发飘于脑后。左侧羽人一手上扬，右侧羽人双手高举，臂下还有一鸟。下层为乐舞百戏图。左侧一人鼓琴，一名双髻乐人在做长袖舞表演，右手托有一鸟。舞者右侧有乐人伴奏，或鼓瑟吹箫，或倒立表演。主人居于画面右侧中央，似在观赏乐舞表演，身边有几位站立的侍者手持便面、拥彗。图像左、上、右三面饰以垂幛纹。

图 4.9　建鼓舞图

纵 64 厘米，横 54 厘米。东汉时期。
安徽宿州出土，私人收藏。

画面分上下两层。上层为建鼓舞。建鼓鼓身较大，横置在一根粗壮的柱子上；柱子下端有鼓座，楹顶饰以两根华丽的羽葆，羽葆飞扬。两只禽鸟相对栖于华盖之上，两边饰有双璧纹。建鼓两侧各有两个舞者，舞者双手各执一根鼓槌，与另两位舞者在鼓的左右边鼓边舞，四人动作协调，舞姿舒展，富有气势。下层刻有四名乐人两两相对而坐，左侧两名女性奏乐，右侧两名男性击掌应和。画面构图完整饱满，给人以美的享受。

四　生产·生活

图 4.10 十字穿环·乐舞图

纵 45 厘米，横 124 厘米。东汉时期。
安徽萧县出土，私人收藏。

画面均匀地分为三个部分。左右两两对称，为十字穿环纹和柿蒂纹。中间部分有一舞者在进行长袖舞表演，舞者甩袖旋转，体态婀娜。对面有一乐人怀抱古琴伴奏，左边侍者跽坐，右边侍者立于舞者身旁。画面上部饰以垂幛纹。整幅画面协调统一，清新自然。

图 4.11 建鼓舞·乐舞百戏图

纵 86 厘米，横 70 厘米。东汉时期。
山东枣庄出土，原石现藏徐州市贾汪区白集汉墓陈列馆。

画面分为上下两部分。上部中央为建鼓舞，鼓身饰以华丽的羽葆，四只猴子对称攀爬于其上。鼓身左右两侧有两人举槌击鼓。鼓身下有二人相对摇鼗，两小儿杂耍。击鼓者左右还有三人，一人倒立表演，一人做长袖舞，一人做跳丸表演。画面四周宾客满座，观看表演。下部为宴饮，画面中央为主人房屋，主人正在其中宴请宾客。屋顶上刻有背对着的鸟，面对着的猫头鹰。左侧屋顶上有鸟，屋檐下有猴，廊前立有一马，马后还有一树。屋右有双龙舞蹈。画面精致丰富。

四 生产·生活

图4.12　乐舞百戏·瑞兽·拜谒图

纵72厘米，横148厘米。东汉时期。
山东苍山出土，原石现藏江苏师范大学博物馆。

画面分上下两层。上层左侧有一乐人鼓琴，两位侍者环绕左右。右边有一位舞者跳长袖舞，一俳优伴舞，亦有侍者围绕左右。上层右侧刻有各种瑞兽，有麒麟、熊、鸟等，以寓祥瑞。画面下层为拜谒场景，共有十人。中央有二人跽坐于席上向左方拜谒。画面周围饰以垂幛纹。

图 4.13　乐舞百戏·狩猎·傩舞图

纵 89 厘米，横 142 厘米。东汉时期。
山东苍山出土，原石现藏江苏师范大学博物馆。

画面分上中下三层。画面上层为乐舞百戏图，中间三人中，左边一人鼓琴，右边一人吹竽，为中间长袖舞者伴奏。画面右边四人或倒立或观赏，左边宾客也在观看表演。画面中层为狩猎图，地上奔跑的鹿、兔和天上飞翔的鸟正在被右侧两位猎人追赶，动作生动。画面下层为驱鬼傩舞，画中人物大都头戴面具，手持各种法器，做奔走驱鬼状，形象地展示了当时的傩仪场面。最右侧人物戴胜，疑为西王母。

图 4.14 建鼓舞・乐舞・六博图

纵 42 厘米，横 234 厘米。东汉时期。安徽萧县出土，私人收藏。

画面上方饰以祥云纹，下边饰以三角纹。画面中间为建鼓舞，饰以羽葆，左右二人屈膝击鼓。左边中间二人演奏乐器，侍者随侍左右。右边二人正在六博对弈，其右立有一侍者。画面左右两端各饰有柿蒂纹。

图4.15 乐舞·瑞兽图

纵96厘米,横68厘米。东汉时期。
山东苍山出土,私人收藏。

原石残损,只剩下右侧部分。画面分上下两层,上层为乐舞图,在楼阁中,中间一人做长袖舞,左右两边二人各鼓琴吹竽,为舞者伴奏。画面下层为瑞兽,左边动物兽首残损,右边为巨鸟。画面周围饰以垂幛纹。

四 生产·生活

图 4.16　乐舞百戏·瑞兽图

纵 45 厘米，横 110 厘米。东汉时期。
山东苍山出土，私人收藏。

原石略有残损。画面分为上下两层，上层残存三龙，上下翻飞，姿势优美。下层为乐舞百戏，从左至右依次为：一人倒立，一人随侍，一人做长袖舞，一人跳丸表演，两人敲击建鼓。画面上侧和右侧装饰有平行凿纹。

图 4.17　乐舞、人物图

纵 106 厘米，横 112 厘米。东汉时期。
山东苍山出土，私人收藏。

原石略有残损。最外围饰以十字穿环纹，里层饰以垂幛纹。画面现存三层。上层人物姿态不详，中层为拜谒，下层为乐舞。乐舞图刻有二人，一人鼓琴，一人施长袖舞，姿态优雅。

四　生产·生活

图 4.18　乐舞百戏图

纵 40 厘米，横 186 厘米。东汉时期。
山东苍山出土，私人收藏。

从左至右，一人鼓琴，一人吹笙，一人倒立，一人跽坐随侍，一人做长袖舞，两人站立随侍。右侧下端波浪纹寓意山峦，山中二人似在执弓狩猎。整幅画面动态十足。画面周围饰以垂幛纹。

图 4.19 十字穿环·百戏·瑞兽图

纵 145 厘米，横 92 厘米。东汉时期。
山东苍山出土，原石现藏江苏师范大学博物馆。

画面分为四层，周围饰以垂幛纹。由上至下第一层为十字穿环纹。第二层为刺虎图，左边立一凤鸟。第三层左边似为一戴面具的人，中间一人掷丸，右边一人正张弓搭箭，准备射向左方。第四层为瑞兽，体态优美，双头相对。

四 生产·生活

图 4.20 建鼓舞·乐舞百戏图

纵 77 厘米，横 77 厘米。东汉时期。
山东滕州出土，私人收藏。

该石略有残损，应该是祠堂的一侧。画面由上至下分为四层，第一、第二层中间为建鼓舞，有两人骑虎击鼓。画面右上有两人倒立，一人正面一人侧面，一人跳丸。第三层为人物六博，最下层为人物拜谒，图像漫漶，不易分辨。

图 4.21　羽人饲凤・傩舞・乐舞图

纵 62 厘米，横 102 厘米。东汉时期。
山东苍山出土，私人收藏。

画面分为上下两层，周围饰以垂幛纹。画面上层为一羽人举手伸向凤首，凤鸟背后有一九尾狐。左边为一头戴傩舞面具的舞者。画面下层左侧三人做长袖舞，右边一人鼓琴以伴奏。

四　生产・生活

图 4.22　羽人饲凤·乐舞·十字穿环图

纵 130 厘米，横 78 厘米。东汉时期。
山东苍山出土，原石现藏江苏师范大学博物馆。

画面分为四层，周围饰以垂幛纹。第一层为脚踏祥云的凤鸟与羽人，左边有一高一矮两位人物。第二层有两位鼓琴乐人为一长袖舞者伴奏，右侧有二人随侍。第三层为五位人物拜谒故事，从人物装束分析可能与西域有关。第四层为十字穿环纹。

图 4.23 人物·秘戏图

纵 41 厘米,横 176 厘米。东汉时期。
山东临沂出土,私人收藏。

原石左边三分之一处断裂。画面上、左、右三面边栏内饰垂幛纹。画面正中刻一对男女拥抱亲吻;左边一男子坐于几前,对面一人持物弯腰参拜,身后一人抚琴,一人持便面,一人跳舞;右边一戴冠正面人物端坐于几上,旁边二人持牍拜谒。

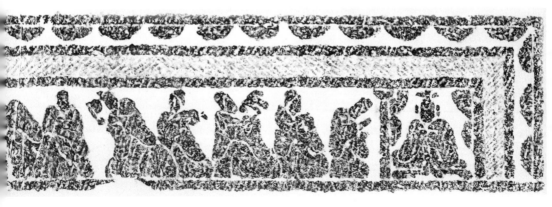

图 4.24 人物刺虎图

纵 34 厘米，横 93 厘米。东汉时期。
山东枣庄出土，私人收藏。

画面刻有一猛虎，虎眼圆瞪，两耳上竖，嘴巴张开，身上带有花纹，四肢向前迈步，十分有力。虎后有一人物，半跪，手持环首刀向虎刺去。

图 4.25 送葬图

纵 53 厘米，横 168 厘米。东汉时期。
山东微山出土，原石现藏山东微山县博物馆。

该石为石椁墓的一侧挡板。此图分左右两个部分，左图中央刻有四轮丧车，车顶有华盖，车棚前后各有一柱，上面设有建鼓。车前有十三人，下方五人双臂前伸拉一绳使车移动。中间四人，首者持幡，车后有八人跟随。右侧三个大三角形代表着三座山，后面还有茂密的树林，下有长方形的墓圹，左侧三人戴冠穿长衣，拱手躬立。右侧两人相对而坐，下有六人。表现送葬场景的汉画像石极为少见。

图 4.26　建鼓·乐舞图

纵 72 厘米，横 76 厘米。东汉时期。
山东滕州出土，私人收藏。

此石为石椁墓的一侧挡板。此图分上下两层，上层是建鼓图，中央有一建鼓，上有华盖，下有虎形座，左右各有一人击鼓，旁边各配有一侍者。建鼓左右有三只凤鸟。下层为乐舞图，中央有一舞者，跳长袖舞，旁边有三人持乐器配乐。

图 4.27 交颈鸟·铺首·人物搏虎图

纵 105 厘米，横 50 厘米。东汉时期。
江苏徐州贾汪出土，原石现藏贾汪区白集汉墓陈列馆。

此图分三层。上层是一对交颈鸟。中层是头戴山形冠的铺首衔环，环上系有绶带，三面配有垂幛纹。下层是一人持戟刺虎。画面周围饰以垂幛纹。

四　生产·生活

图 4.28　武库图

纵 130 厘米，横 100 厘米。东汉时期。
山东苍山出土，私人收藏。

山东苍山县是出土汉画像石中武库图较多的地区。此图刻有兰锜，即放置兵器的架子。兰锜上挂有刀、剑、戟、矛、弩等武器。画面左边饰以垂幛纹。

图 4.29　蹶张·虎图

纵 46 厘米，横 140 厘米。东汉时期。
山东苍山出土，私人收藏。

左侧刻一人，两脚蹬弩，双手拉弦，嘴含箭矢。右侧为一虎，血口大开，露出两对獠牙，身材健硕，尾巴翘起，肩部生翼。

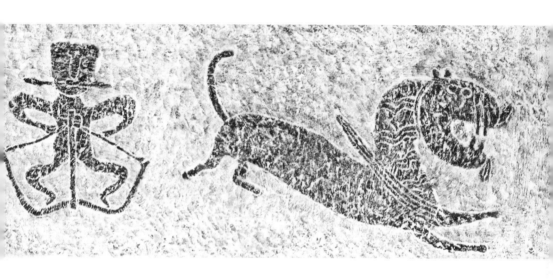

图 4.30 狩猎·车马与楼阁·乐舞图

纵 54 厘米，横 203 厘米。东汉时期。
山东微山出土，私人收藏。

该石为石椁墓的左右挡板画像。画面由三组不同的图像组成，左面是狩猎图，中间是车马与楼阁图，右侧是乐舞图。左侧画面左上角是一头野猪在奔跑躲避追杀，野猪后有一兔子由左向右奔跑，后面紧跟着三条狗与一个猎人。猪下有一头鹿，有一人持戟扑杀猎物。持戟人后方有一虎。画面最下方是翼虎与独角神兽，疑为獬豸。中间画面的左上是阙类建筑，上有一鸟。右上是羽人侍凤，阙下刻画一人、羽人骑马，后有三马拉车，车挡住另外半个马身。最下有两人、一狗、三鸟头。右侧画面分三层，上层左起一人持弓、一人持剑，对右虎发起攻击。中层左侧有一人盛酒、一人跳长袖舞、一女子抚琴，后有一侍者。最下层是双鸟啄鱼。

五
车马·出行

车马出行图在汉画像中出现频率极高。目前已发现的各地汉代画像石墓中几乎都有车马出行图出现，这体现了马在汉代人生活中的重要性。车马的使用应归结于经济的蓬勃发展。百姓的物质生活有了保障，自然寻求更高层次的精神需要，这就顺其自然地为艺术的发展提供了可能性。

在中国古代，车舆制度通常是衡量一个国家强弱的标志之一，汉代车舆制度已发展到十分完善的程度。汉代车乘大多作为官吏的代步工具或办公之用，称为官车，也叫公车，驾车的畜力为马。民间乘车一般多做运货载人之用，且制作比较粗糙，驾车的畜力多为牛。汉代等级制度森严，官方规定了非常严格的官车使用制度。汉代的马车因乘坐者的地位高低和用途不同，可细分为若干种类，比较常见的有轺车、辎车、辇车、轩车、斧车、施轓车、耕车等。

轺车 一般来说，轺车是由车轮、车轴、车舆和伞盖等组成的无盖轺车、设盖轺车、四帷轺车。《释名·释车》说："轺车。轺，遥也。遥，远也，四向远望之车也。"[1] 一般官吏出行均乘坐轺车，分有盖、无盖以及施帷、无帷。前者车主政治地位较高，也意味着所拿国家俸禄较高。如在轺车车舆两侧加以"屏泥"板，又可称为施轓车。

辎车 一种双曲辕驾单马的带篷车，车门设在车舆后面。《柳宗元集》

---

[1] ［汉］刘熙撰，［清］毕沅疏证，［清］王先谦补：《释名疏证补》卷七，中华书局2008年版，第252页。

引《字林》:"辎,载衣物车,前后皆蔽,若今库车。"[1]《释名·释车》说:"辎车,载辎重卧息其中之车也。"[2] 顾名思义,辎车有两种功用:一作载重,比如行军时运输部队携带的物资、器械、营帐等,一般出行亦可装载衣物、粮食;二作休憩,车主可以躺卧在内缓解舟车劳顿。另外有一种分厢式辎车,为极舒适而又装饰华丽的高级马车,专供贵族妇女乘坐。驾车的御手与车主分开,御手在前舆,车主在后舆。这与主仆的尊卑顺序相关,也关系到中国古代男女之间的礼仪之道。

辇车　车前有供人拉车的组条,车后有羽制大扇,车上有羽毛华盖,是普通的载重货车,也可坐人。它和牛车同属一类,形制也相近,在官吏车马出行时,跟随其后作行李车。这种车为当时地主、商人大量所用。

轩车　车舆两侧用漆或加皮饰的席子作为障蔽。轩车的形制与双辕轺车近似,只是舆两侧的障蔽更高大。在汉代,轩车仅为供三公(西汉的丞相、太尉、御史大夫和东汉的太尉、司徒、司空)和列侯乘坐的轻便马车,一般官吏无权乘坐。

斧车　也称轻车,是一马拖乘的兵车,因其舆中间竖立一柄大钺斧而得名,一般可乘坐二人。据《后汉书·舆服志》记载:"县令以上,加导斧车。"[3] 用以壮威仪、明身份。

軿车　这种车专供妇女使用,四面围挡起来,以防他人窥视。《释名·释车》云:"軿,屏也,四面屏蔽,妇人所乘……"[4] 在汉代,軿车是贵族女性专用的豪华马车。

金根车　皇帝乘坐的车,比较特殊,一般称为"玉路"或"金根车"。据《后汉书·舆服志》,金根车上有"鸾鸟立衡""羽盖华蚤",十分气派。还有皇太子与诸侯王乘坐的"王青盖车"、皇帝亲耕时乘坐的"耕车"、仪

---

[1] [唐]柳宗元撰:《柳宗元集校注》卷十六,中华书局2013年版,第1140页。
[2] [汉]刘熙撰,[清]毕沅疏证,[清]王先谦补:《释名疏证补》附一卷,中华书局2008年版,第329页。
[3] [南朝宋]范晔撰,[唐]李贤等注:《后汉书》志第二十九,中华书局1965年版,第3651页。
[4] [汉]刘熙撰,[清]毕沅疏证,[清]王先谦补:《释名疏证补》附一卷,中华书局2008年版,第329页。

仗中载乐队用的"鼓吹车""金钲车"等。[1]

马车的数量和装饰也是衡量车主政治地位的指标之一。比如前导之车与后卫之车数量较多,可显出行仪仗气势磅礴,也是车主官职较高的象征;车舆构件的材质、车马装饰的纹样、车盖与车篷的形状和用料均有严格的规定。这些规定经过一段时间的施行,已深入汉代人的思想观念之中,成为潜意识下的政治等级观念。

汉代用车多为马车,而马车多作为官车,马车上的乘坐者为领取国家俸禄的各大官员。马的"待遇"与马主人的政治地位也有直接的联系。比如御马比一般的官宦之马要尊贵得多,普通人讨论其马齿、践踏饲养它的草料要遭受惩罚。《礼记·檀弓下》云,"路马死,埋之以帷",郑玄注,"路马,君所乘者,其他狗马不能以帷盖"。[2] 即国君的马死后要用帷盖埋葬,其他人的马不能用帷盖。

汉画像中牛车的图像也不少,大致可分为篷车与敞第车两种。篷车在车厢上装篷,敞车无篷。马价贵,牛价贱;马拉的车快,牛拉的车慢。富人多乘马车,而贫者一般乘牛车。牛车在两汉时期通常作为军队曳引辎重的畜力,或民间交通工具的畜力。但是也有王侯将相乘坐牛车的记载。据《汉书·食货志》载:"自天子不能具醇驷,而将相或乘牛车。"[3]《史记·五宗世家》载:"其后诸侯贫者或乘牛车也。"[4]

《释名·释车》上说:"羊,祥也。祥,善也。羊车,善饰之车,今犊车是也。"[5] 所以,有学者认为,羊车在汉代画像石中出现,估计与其谐音"祥"有关,反映了生者对死者的祝福。也可能与升仙信仰有关。除了马、牛、羊外,还有驴、鹿、骆驼作为畜力的相关记载,相对比较罕见。

---

[1] [汉]刘熙撰,[清]毕沅疏证,[清]王先谦补:《释名疏证补》附一卷,中华书局2008年版,第3643—3647页。
[2] [清]阮元校刻:《十三经注疏》礼记正义卷十,中华书局2009年版,第2847页。
[3] [汉]班固撰,[唐]颜师古注:《汉书》食货志第四上,中华书局1962年版,第1127页。
[4] [汉]司马迁撰,[南朝宋]裴骃集解,[唐]司马贞索隐,[唐]张守节正义:《史记》五宗世家第二十九,中华书局1982年版,第2104页。
[5] [汉]刘熙撰,[清]毕沅疏证,[清]王先谦补:《释名疏证补》附一卷,中华书局2008年版,第912页。

另外，在汉代画像石中还发现了鸟类、鱼类和传说中的其他动物拉车的场景，如龙拉车、凤拉车、鹤拉车等等。这与当时人们对生命所寄托的精神理念有关，即死后期盼上天成仙享受富贵生活。

汉画像中的车马出行图在许多方面都影射着汉代的礼制文化，尤其将董仲舒提出的"三纲五常"确立为伦理规范、社会秩序的最高准则，将儒家经典《仪礼》《礼记》《孝经》作为衡量是否合乎礼仪的标准。在汉画像的车马出行图中，尊卑有序的礼仪被彻底诠释。皇帝出行的场面气势磅礴，君臣之间也遵守着严格的尊卑秩序。《宋书》载："汉制，乘舆御大驾，公卿奉引，太仆御，大将军参乘，备千乘万骑。属车八十一乘。"[1] 出行队伍中除了主车（主人之车）之外，另有从车、副车、导骑、从骑、步卒等，它们都有着特定的位置。主车一般位于队伍的中间，前方有前导，包括导车、斧车、导骑、伍伯（武官之步卒）等；其后有后卫，包括从车、从骑、步卒等。再者，驾车的御手居右，车主居左。

信立祥认为，汉画像中的车马出行图，其实质就是墓主的灵魂从地下世界赴墓地祠堂去接受祭祀、接受子孙孝敬的过程。此类题材在汉画像中的频繁出现，也证明祭祀祖先活动是汉画像中最重要的内容之一。[2] 其实，祭祀的过程就是与祖先心灵沟通的过程，这与我国各民族对祖先敬仰和崇拜的文化传统分不开。

车马出行图中，墓主坐在豪华的马车上前去接受祭祀，接受子孙后代的孝敬和祭拜。前后有随行的马车、骑手、步卒，整个出行仪仗浩浩荡荡。这是一个灵魂得以慰藉的过程，也是整个时代对孝道极其重视的诠释。

车马出行图中，在队伍最前方的乃迎宾者，在队伍最后方的乃送行者。一般来说，迎宾者和送行者多为门吏、家仆，他们所要遵循的礼仪规范可以概括为对"忠"的无条件服从，此"忠"就是对等级权力和绝对权

---

[1] ［梁］沈约撰：《宋书》志第八，中华书局1974年版，第499页。
[2] 信立祥：《汉代画像石综合研究》，文物出版社2000年版，第118页。

威的"忠"。

车马出行图中,对礼制的诠释首先表现为门吏和家仆因为身份地位的差别在迎接贵宾或者为主人送行之时所要遵守的不同的仪礼规范,其次是根据宾客的身份尊卑施行不同的礼仪。送行时,若为门吏,一般捧笏作揖,身体微躬;对于没有官职的宾客,只需作揖而送即可;而地位更加低下的家仆对宾客则要施跪相送。迎宾者一般为持节迎宾和捧笏迎宾,对于身份尊贵的来宾应施跪礼甚至主人亲迎。所谓"有亲疏焉,有贵贱焉,有长幼焉",对等级权力的"忠"又总是和身份地位的贵贱、长幼秩序密不可分。若车马出行图中来宾身份较为尊贵,主人一般应亲迎,但如果主人为长者,也可派门吏到队伍中间迎接来宾。

车马出行图完整地诠释了汉代的政治等级观念和礼制文化,这对研究汉代整个时代的文化和生活具有重要的意义。

一种合乎情理的观点认为,车马出行仪仗是墓主生前官职或仕宦经历的写照,是墓主身份的象征。东汉以后,"无论王侯贵族、高级官员、地方豪强或地区小吏,只要死后有经济能力建造墓葬者,都希望以车骑马匹营造威风八面的出行场面,用具体的形象去展示他们心中的丰功伟业,突出生前的威仪与显赫的身份地位"。[1] 所以,这些车马出行图表现了墓主生前的辉煌荣耀,是作为表现人物尊贵地位的一个道具而存在的。

但是,在汉画中也大量存在着图像与墓主身份不对等的现象,即气势如虹的出行仪仗并不是墓主生前经历的真实写照,而是一种普遍的社会需求。有限的生命无法让中下阶层实现政治抱负,他们转而把希望寄托于子孙后代。他们将车马出行图刻画得如王侯贵族出行的真实仪仗,实质是希望自己的子孙后代能够走上仕途、完成自己的政治理想、墓主在另一个世界过一种"食有大仓,行有车马"的生活。这归根结底还是当时人们的一种祈望。许多车马出行题材和墓主家居宴饮、舞乐、庖厨的题材结合在一起,是对墓主死后幸福生活的理想建构。

---

[1] 黄佩贤:《汉代墓室壁画研究》,文物出版社2008年版,第216—217页。

图 5.1　车骑过桥图

纵 45 厘米，横 112 厘米。东汉时期。
山东滕州出土，私人收藏。

画面中刻一石桥，桥两侧各插一幡帜，左侧画面一骑马之人导于车前，做行进状，身后有一幰车，车上坐两人。车后有两人躬身站立，似在迎接宾客，其下方亦有一人捧物躬身站立。又有一兽张口面向石桥；画面右侧有两人骑马行走，画面右侧残缺。两侧、车骑从桥两侧相对而至。桥下有两人，身背鱼篓，正在捕鱼。空中鸟雀纷飞。画面边饰双边、平行条纹、垂幛纹。

图 5.2 车骑过桥图

纵 28 厘米，横 203 厘米。东汉时期。
山东滕州出土，私人收藏。

此画像石为浅浮雕。画面左边一人于亭下击鼓迎宾。右边两位吹管扛缨的车前伍佰已到鼓前，旁边两导骑，一人跌落马下。后有一辎车，车上乘两人；一五马轩车为主车。前有四人导行于车前，手执便面，腰中佩物。轩车后有一人步行；两骑吏持幡跟随在轩车之后；后有一辎车，车上乘两人，后有一人跪地相送。画面右侧有一亭，分两层，上层两人踞坐交谈；下层一人击建鼓，鼓上栖一鹭。桥下四渔夫正在捕鱼。从左至右，第一位渔夫双手各拎两条鱼，左有一鸟与渔夫争抢一鱼；第二位渔夫双手各拎一鱼，左有一鸟回首与渔夫争抢一鱼；后有四只鸟，正在啄鱼；其后两位渔夫身背鱼篓，正在将手中捕到之鱼放入鱼罩内。

图 5.3 车骑过桥图

纵 36 厘米，横 220 厘米。东汉时期。
山东枣庄出土，原石现藏北京大学汉画研究所。

此画像石为减地平面刻。两边车骑从桥的左右纷至沓来。画面左侧有一辆马车，车上坐两人，后有一辆軬车，车上乘两人。軬车后有一树。马车前有两导骑。桥上刻画有珍禽异兽。画面右侧有三人骑马缓行。画面右侧略残。桥下一船，载两人。河中一人撒网捕鱼，两人罩鱼。画面左、右、下三侧饰双边纹。画像部分漫漶已无法卒读。

图5.4 车马·秘戏·瑞兽图

纵108厘米,横105厘米。东汉时期。
山东苍山出土,私人收藏。

画面分为上、下两层。上层中间刻一马拉车,马有双翼,马前方有二人恭候,车后随行一人,三人均佩剑。下层左端刻一男一女相对而坐,右端为瑞兽,刻有翼龙、虎、长尾凤鸟,龙头前方、凤鸟下方刻一鱼,象征着四灵,右上角还刻有一羽人,头戴高冠,双臂张开做奔跑状。画面顶部饰以垂幛纹,中间以双菱纹隔断。该图应为表现男女墓主人死后升入天界的景象。

五 车马·出行

181

图 5.5　车马出行图

纵 32 厘米，横 296 厘米。东汉时期。
山东苍山出土，原石现藏江苏师范大学博物馆。

此车马出行方向为从右至左。上方以及左右两侧有垂幛纹装饰。其中，画像右侧驾一马的四帷轺车为出行的主车，车主正襟危坐，御手正拉紧缰绳。主车之后跟随一执矛从骑作为护卫。主车前方有两名并行的导骑。画像中间为驾一马的斧车，斧车前有两辆帷盖轺车和两名导骑作为前导。从导车、导骑、从骑的数量看，主人的地位较高。画像最左侧为两个迎宾的门吏，一位拥彗作揖，另一位躬身以迎。

图 5.6 车马出行图

纵 42 厘米,横 234 厘米。东汉时期。
山东苍山出土,私人收藏。

画像中间为车马出行图,四周均有纹饰,下方为十字穿环纹,其余三方均为菱形纹。出行队伍并不浩大,只有一辆普通轺车在队伍中间,没有前导后护之车,轺车亦未设幡,相当于公车。马车前后分别有三名导骑和三名从骑。右侧为送行之人,其中一门吏躬身捧笏作揖相送,另一人捧笏作揖并额首相送。队伍最后方的一从骑回首以示告别。画像最左侧为两位迎宾者。其中佩剑之人躬身相迎,为门吏。另一人右手执戟直立,系护卫。

五 车马·出行

图 5.7　车马出行·宴饮图

纵 87 厘米，横 158 厘米。东汉时期。
出土地不详，私人收藏。

该石略有残损。画像分为上下两层。下层为车马出行图，上层为宴饮、楼居图。下方和左右两侧均以十字穿环纹作为装饰。车马出行方向为左行，其中主车为左边驾一马的四帷轺车，车中除了驭手外还有一位官员。前方有一导骑。后面跟随着驾一马的设幡轺车，可见御手。队伍最后方为一辆牛车，里面可能装载货物。上层为宴饮图。中间三人是乐手，其中两人视望主人方向吹奏，一人在抚琴。右侧为宴饮的主人和宾客在把酒畅谈。主人居右，宾客分两排相对而坐，氛围热闹。最左侧有二人相视而坐，应为门吏。上方屋宇华丽，可看到屋顶周围有许多动物，如凤鸟、猴等，左上方则为仙人以及仙树。画面上方中央有大段铭文，惜文字漫漶无法卒读。

图 5.8 车马出行图

纵 42 厘米，横 163 厘米。东汉时期。
安徽萧县出土，私人收藏。

画面上有两辆帷盖轺车，从左至右行进。画像上下方分别饰有祥云图和云雷纹。画像左侧有一人坐于床榻之上，双手捧于胸前。右侧有一人与他作揖话别。右侧有两轺车，二车之间为一从骑，队伍前方有两名导骑。队伍上方有祥云以及四只飞鸟，亦自左向右飞行。迎宾者位于最右侧，微躬身体，站立作揖以示恭迎。

五　车马·出行

图 5.9 车马出行图

纵 27 厘米，横 147 厘米。东汉时期。
江苏徐州贾汪出土，原石现藏于白集汉墓陈列馆。

此图中有两辆帷盖轺车，马车前方有两名导骑。前来迎接者在队伍前方，微微躬身以示恭迎之礼，另一人则行至队伍中间，停于马车之前，双手捧盾，躬身作揖。可见一辆马车为主车，后面一辆为从车。队伍最后方有一马露出半身。第一辆车头顶有云气。

图 5.10　车马出行图

纵 32 厘米，横 216 厘米。东汉时期。
山东苍山出土，原石地不详。

画像上方和左右两侧均饰有垂幛纹，车马出行方向为左行。画像上共出现三辆马车，前面两辆为帷盖轺车，后一辆为辒车。辒车后仍有一马露出半身，应为从骑或随行从车。两车之间有并排而行的两个从骑，队伍前方则有两名导骑，另有一门吏前来迎接。队伍上方有几处云气。

图 5.11 车马出行图

纵 42 厘米，横 165 厘米。东汉时期。
山东枣庄出土，私人收藏。

该图车马行进方向为从右至左。图中共有两辆帷盖轺车，轺车之间有一名导骑作前导，后面三名从骑作后卫。送行者有三，鞠躬作揖，居中者正与队伍之末的从骑话别。迎宾者有二，一名持戟状兵器者疑为护卫，另一人为门吏。队伍上方有几处祥云。图像上下方均饰有双菱纹。

图 5.12 车马出行图

纵 33 厘米，横 111 厘米。东汉时期。山东枣庄出土，私人收藏。

该图车马出行方向为右行。图中仅有一辆马车，为帷盖轺车，其前后分别有两名导骑和从骑。队伍上方有朵朵祥云。图像上方和左侧均饰有垂幛纹。

图 5.13 车马出行图

纵 42 厘米，横 250 厘米。东汉时期。
江苏徐州贾汪出土，原石现藏徐州汉画像石艺术馆。

该图出行方向为从右至左，共有四辆马车。其中左起第三辆帷盖轺车为主车，主车前有二并排而行的持戟导骑，队伍后方亦有二从骑作为后护骑手。骑手周围有数只飞鸟，其飞行方向与队伍行进方向一致。前面两辆设盖轺车为前导之车，最后一辆为后卫从车。队伍最前方有一个执矛伍佰为前导。迎宾者在队伍左端躬身等候主人归来。

图 5.14 车马出行图

纵 39 厘米，横 196 厘米。东汉时期。
山东苍山出土，私人收藏。

该图车马出行方向为从右至左。前面一辆轺车为前导之车，后面一辆四帷轺车为主车，车舆设辎，说明主人地位较为尊贵。主车前有两名吹管的步卒为前导。队伍中共有三名导骑，其中两名并排行进。迎宾者为一门吏，捧笏作揖，躬身相迎。画像下方饰有垂幛纹。

五 车马·出行

图 5.15　车马出行·比武图

纵 36 厘米，横 178 厘米。东汉时期。
徐州贾汪出土，原石现藏白集汉墓陈列馆。

画像分两个部分，左边是车马出行图，方向为从右至左。图中共有三辆马车，前面一辆帷盖轺车为主车，后面两辆轺车为从车。队伍上方有七只飞鸟，飞行方向与队伍行进方向一致，似有导向之意。队伍中间有二人，捧笏作揖，面朝马车行进方向。画像右边是三人比武图。画像左右两侧饰有垂幛纹和菱形纹，下方饰有锯齿纹。

图 5.16 瑞兽·车马出行图

纵 42 厘米,横 180 厘米。东汉时期。
山东枣庄出土,私人收藏。

画像分为两层,上层为瑞兽图,下层为车马出行图。瑞兽图中左起有三只神鸟,一只回首,一只跃跃欲飞,还有一只在啄鱼。它们中间亦有两只小鸟飞行。右边有两条龙,均回首相望,两条龙之间有云气。最右方则为一白虎,前方有一人物侍奉之。下层车马出行图方向为从右至左,图中有两辆设有帐帘的轺车。队伍前方有五名导骑,其中后面三人并排驾马前进,两车之间亦有一名导骑。队伍最前方有一迎门吏,捧笏作揖相迎。画像上方饰有垂幛纹。

图 5.17 瑞兽·车马出行图

纵 40 厘米，横 201 厘米。东汉时期。
山东枣庄出土，私人收藏。

画像分为两个部分，上层为瑞兽图，下层为车马出行图。上层左右两侧是一只白虎和一条青龙。中间为羽人侍二凤，另有一熊，并有些许云气缭绕。下层车马出行图方向为从左至右。中间为一辆帷盖轺车，车主正襟危坐。前后共有五名导骑和从骑，策马奔腾，速度较快。队伍后方有一门吏捧笏作揖，鞠躬相送。

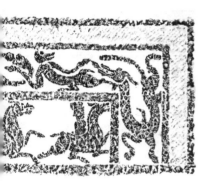

图 5.18 车马出行图

纵 79 厘米,横 177 厘米。东汉时期。
安徽萧县出土,私人收藏。

该图四周均饰有垂幛纹和双菱纹,垂幛纹在外侧,双菱纹在内侧。车马出行方向为从右至左。画像上仅有一辆轺车,位于队伍之末,车主坐于车上,门吏捧笏作揖相送。马车前方有两名导骑以及两名手持殳状武器的随从。队伍前方有两名迎宾之人,较高大者捧笏作揖立于队伍右侧,另有一人为门吏。队伍上方有祥云及两只飞鸟。

图 5.19　骑者出行图

纵 34 厘米，横 120 厘米。东汉时期。
山东苍山出土，私人收藏。

此图上方和两侧均饰有垂幛纹，主图为五名骑手从右向左行进，其中有一导骑回首视望，一马回首窥探。队伍最前方有一迎宾门吏，躬身作揖以示恭迎之礼。此图虽构图简单，但人物刻画细致，富有动感，气韵生动。

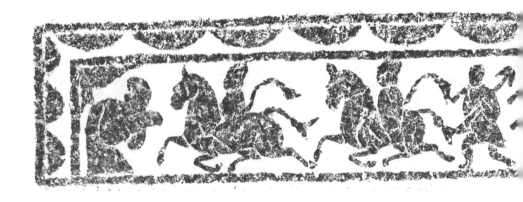

图 5.20　车马出行图

纵 40 厘米，横 220 厘米。东汉时期。
山东苍山出土，私人收藏。

画像上方以及左右两侧均饰有垂幛纹。出行队伍中有一辆帷盖轺车，后方帷幔系有飘带装饰物，表明车主地位较高。队伍前后分别有两名导骑和从骑策马疾行。最前方有一捧笏作揖者相迎。主车前方亦有二执长兵器的步卒随行护从。该石中央惜残断。

图 5.21　车马出行图

纵 36 厘米，横 196 厘米。东汉时期。
山东枣庄出土，私人收藏。

图中上方以及左右两侧均饰有垂幛纹，车马出行方向为从右至左。主图共有三辆马车，其中队伍最前方设盖的轺车为主车。中间一辆马车为分箱式的辒车。另一辆为普通轺车，也作后卫之车。队伍最前方有一迎宾的门吏，捧笏作揖以示恭迎之礼。

图 5.22 车马出行图

纵 38 厘米，横 216 厘米。东汉时期。
山东苍山出土，私人收藏。

此图上方有两层装饰纹样，上层为垂幛纹，下层为菱形纹。此图共有两辆马车，方向为从右至左。其中队伍后方设幰的有盖軺车为主车，前方设盖軺车为导车。两车之间为一导骑，配有殳状武器。队伍前方有四名导骑。迎宾者为二位躬身迎谒门吏，以示恭迎之礼。

五　车马·出行

图 5.23 搏斗・车马出行・十字穿环图

纵 108 厘米，横 120 厘米。东汉时期。
山东苍山出土，私人收藏。

此图分为三层。最上层左边为双人搏斗图，有瑞兽穿插其间。中间为孔子见老子图，左侧身材矮小者为晏子。右上角残损，有二人舞蹈。中层为车马出行，向右行进。队列分别为两名骑手和一辆轺车，轺车上有一御者，车右有一导骑，最右端有一躬身迎宾者。下层为十字穿环纹。

图 5.24 庖厨·车马·水榭图

纵 64 厘米，横 230 厘米。东汉时期。
山东微山出土，私人收藏。

该石为石椁墓的一侧挡板。画面由三组图像组成。左面是庖厨图，分两层，上有两人在切火腿，下层是两人捣臼，一人拉风箱。中央画面分两层，上层是一人持戟引导，后有三辆轺车。下层亦是一人持戟引导，后有一人跪拜，一人躬身持笏板，后有两骑，一扛弩士兵。右侧画面是水榭图，一人坐在水榭上抚琴，右有一鱼。

图 5.25　乐舞百戏·车马出行图

纵 42 厘米，横 252 厘米。东汉时期。
山东苍山出土，私人收藏。

该石分两层。上层为乐舞百戏，左侧为奏乐舞蹈，右侧为百戏，有人掷丸、倒立、击打建鼓、跳七盘舞。下层为车马出行，队伍向左前进，依次为两导骑、两轺车、两执戟骑手、一轺车、两执戟骑手和一轺车。最左端有一人躬身迎车马队。图像上方有垂幛纹。

五 车马·出行

六
建筑·装饰

汉代是中国建筑体系的初步形成时期。其特征是高台建筑减少，多层楼阁大量增加，庭院式布局已基本形成。汉代的建筑技术十分先进。东汉时庄园兴起，其院落还包括畜牧、园圃等手工业用房。另外庄园附设军事保护设施，一般中间是高大宽敞的正门，两侧较低，其一侧设有小门。大门是主人经过或贵客临门时才开启，可以通行车马。门旁还设有小房间，当时叫门房，可以留宿宾客。汉代建筑以木构架为主，木构架建筑的特点是：其一，建筑物的重量全由木构架承托，墙壁只起维护和分隔空间的作用；其二，独特的单体造型；其三，中轴对称、方正严整的群体组合与布局，从宫殿到宅院都可以应用，布局形式与当代建筑形式所差无几。

虽然汉代地面建筑实物几乎不存，但汉画像中还保有建筑图像，主要有楼阁、庭园、阙等。

木结构**楼阁**是古代建筑长期遵循的建筑形式。从汉画像石看，当时楼房的上层通常是卧室或女性活动的空间，下层则是男主人宴客、会客的场所。据考古资料统计，东汉民居中的陶楼模型最高有七层，普遍为二至四层。常见的水边建筑还有**水榭**。王延寿《鲁灵光殿赋》载："阳榭外望，高楼飞观。长途升降，轩槛曼延。渐台临池，层曲九成。"[1] 水榭的出现标志着汉代建筑向园林化的方向发展，是对秦代离宫别苑制度的继承和

---

[1] ［梁］萧统编，［唐］李善注：《文选》，上海古籍出版社1977年版，第171页。

发展。

汉画像石中所刻画的楼阁建筑图式，多分布于石椁墓室画像和墓上祠堂画像之中。在秦汉时期，楼和阁是有区别的。楼是指屋上建屋，也就是多层房屋。《说文解字》记载："楼，重屋也，从木娄声。"[1]在古代建筑样式中，阁居主要位置，楼次之。到后代，楼与阁逐渐融合为一体，楼、阁通用，称楼阁。楼阁在画像石中多处于中央部位，楼内有人物，楼外分布神仙世界、车马、庖厨、乐舞、瑞兽等。

汉画像石中，**祠堂画像**占据了重要的位置。祠堂内部由画像构建出上、中、下三个层次，依次是天界、仙界和人间。祠堂的顶部、山墙以及墙壁上部刻画了西王母、东王公、祥瑞等象征天界和仙界的画像。祠堂墙壁下部的画像则描述了人间生活。祠堂的左右侧壁下部往往有狩猎图和庖厨图。狩猎图描绘的是后世子孙为祖先准备祭品的过程。祠堂最重要的位置——祠堂后壁，一般刻画祠主坐于楼阁中央，代表祠主灵魂接受后世子孙的祭拜。后壁的下半部分刻画了承载祠主灵魂往来阴阳两界的车马队伍，浩浩荡荡，横贯左右。这些反映世俗生活的拜谒图、车马出行图、庖厨图、狩猎图和乐舞图，都是祠主理想生活的折射。

石椁画像与祠堂画像类似，其内容可分为四类：第一，由神仙、怪异、灵瑞等构筑成的宇宙空间，它是天界与仙界的象征。第二，由历史人物故事构成的历史空间，将历史故事瞬间象征地表达出来。人不仅生活在自然环境中，还生活在一个由历史、文化、传统组成的人文环境中。第三，墓主及相关人物组成的日常生活的现实图景。这种现实图景有日常的劳作场面，有家庭的宴乐，有休闲时的歌舞，还有象征死者生前荣耀的历史事件。第四，对死后世界幻想宇宙的描绘，以及在世的亲人与死去的墓主或祠主的沟通方式等，如许多画像中的墓主受祭图、拜谒图等。

以徐州为中心的汉画像石，不仅在画像内容上精彩纷呈，其形式和设计理念也非常值得我们借鉴。从艺术效果上看，徐州及其周边的汉画像石

---

[1]［汉］许慎撰：《说文解字》卷六，中华书局1963年版，第120页。

主要采用"拟浮雕"和"拟绘画"两种雕刻技法，同时满足了立体营造和平面表现两种艺术需求。对汉代工匠或艺术家而言，在先秦两汉数百年艺术传统的浸润中，在张骞凿空西域而引入的外来风尚的影响下，工匠在创作中不仅追求画面的纵深感和立体效果，还大胆采用一些个性化的艺术手法，形成了较为强烈的地域特色。

以徐州周边的汉画像石为例，临沂汉画像石主要采用高浮雕加平面阴线刻的手法，画面高凸于石面，华丽而夸张，加以细若毫发的线条修饰，营造出仿木雕般的质感——其高超的艺术性在拓片上几乎无法体现。而距离徐州不远的山东嘉祥，则流行一种被称为"减地平面阴线刻"的技法，尤以武梁祠、宋山祠堂画像为代表。在嘉祥汉画构图的留白处，往往采用细密、较浅的凿纹，多数为竖凿纹，少数也有斜凿纹的处理。画像主体内容的外轮廓线被錾刻很深，装饰意味较重，颇有民间剪纸的效果，同时辅以必要的榜题加以提醒，使观者有如观赏连环画一般。山东滕州、安徽萧县和徐州本市的汉画像石在技法上与前两者均有较大区别。这就使得笔者可以在接触大量散佚画像石的同时，通过对其艺术技法的分析，还原其出土地点，弥补信息的不足。

徐州及其周边汉画像石的边框装饰艺术具有明晰的艺术特色。从大量的例子中，我们可以归纳出本地区汉画的装饰纹样主要有垂幛纹（连弧纹）、锯齿纹（三角纹）、波浪纹、云纹、菱格纹、鸟纹、十字穿环纹、柿蒂纹等等。尤以垂幛纹、锯齿纹、十字穿环纹最为常见。不同的纹样还时常构成不同的组合关系，以装饰带的形式将画面分割成几个部分，就像"画框"一样，不仅凸显了主体纹饰的重要性，还营造出"疏密得当"的艺术效果。此外，本地区石工还经常在留白处采用平行凿纹进行补充，用大幅十字穿环纹进行层与层的分隔，这些艺术装饰手法在别的地区是较少见到的。

垂幛纹最早出现在新石器时代的彩陶上，是一种重要的纹样。汉代的"垂幛纹"就是在彩陶纹样的基础上不断发展变化而来的。通过对本书收录的数十幅包含"垂幛纹"装饰的图像的梳理，我们尝试对"垂幛纹"的使用规律做出如下分析。

第一类，垂幛纹构成汉画像主体画面的整体边框装饰，常见于画面边框的上左右三面，偶有四面装饰。第二类，垂幛纹构成汉画像的某一层或某个局部图像的上方装饰，偶尔出现在左右。有趣的是，在某些特定场景中，上方的垂幛纹会出现中断或间隔的现象，并非线性连续的出现。这是为什么呢？

要解决这个问题，单纯依靠大数据的归纳还是不够的，需要结合"垂幛纹"的原初意义去研究。我们认为，垂幛纹还有更深刻的图像学意义，那就是象征"室内"。徐州地区的地貌主要以丘陵为主，在徐州周边方圆数十公里的区域内，隐藏了十多位楚王和彭城王的地下宫殿，尤其以龟山汉墓、狮子山楚王陵和北洞山汉墓最为著名。楚王在幽暗的地宫中将自己生前享用的财富"充入山林"，石室方正，甬道深邃，装饰华丽。考古工作者根据墓室中现存的痕迹推测，当年地宫中很可能悬挂着丝织物之类的帷幔。

"垂幛纹"原初的意义是象征室内的装饰。到了东汉时期，当厚葬的习俗愈演愈烈，"垂幛纹"就成为一种身份的象征，象征着墓主生前的富贵。一般在室内的场景中，如歌舞、宴乐、百戏、楼居、庖厨、武库等处，"垂幛纹"出现的概率就增加。在非室内的场景，"垂幛纹"出现的概率就降低。如果需要在同一画面中体现场景的切换，则有可能出现被中断的"垂幛纹"。但也有一些例外，如汉画的车马出行图中，时常也有"垂幛纹"的出现，让我们不由想起了《晋书·石崇传》中记载的石崇与王恺之间的争豪斗富，"恺作紫丝布步障四十里，崇作锦步障五十里以敌之"[1]。"垂幛纹"正是象征着墓主人对优越的居住环境和财富的渴望和追求。

---

[1] ［唐］房玄龄等撰：《晋书》列传第三，中华书局1974年版，第1007页。

图 6.1 楼阁·车马·祥瑞图

纵 75 厘米，横 122 厘米。东汉时期。
山东滕州出土，私人收藏。

楼阁上层有七人盘坐，中层有两人躬身拜谒，下层内右侧有人持板站立，左侧人躬身。屋脊刻有一对龙首，屋顶有两只猴子。楼阁外有双阙，左阙左侧刻有侍者、鸟等，右侧阙上有一神人，其右有连理树，树周围刻有人、马、九尾狐、羽人侍凤。右侧阙下还有并排站立的十人。图下层是车马队伍，队伍前有三骑引导，后有三辆马车。整幅图刻画丰富、人物众多，是东汉后期的祠堂画像。

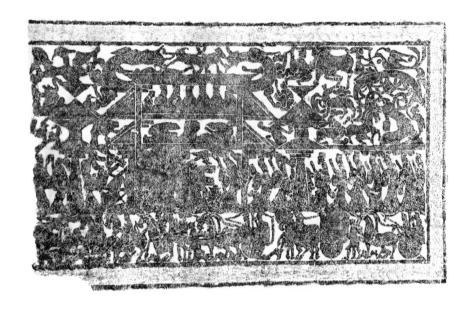

六　建筑·装饰

图 6.2　楼阁·拜谒·车马图

纵 70 厘米，横 129 厘米。东汉时期。
山东滕州出土，私人收藏。

此图分上下两层，上层中央是楼阁建筑。阁楼上层有四人，左右各两人，下层有三人。阁楼上层外侧的左右分别刻有一只凤鸟，呈对称分布，左侧凤鸟下方刻有一人首鸟身神兽，右侧凤鸟下有两人相对而坐。上层画像的两侧各有一座阙型建筑，阙上有相对的两龙装饰，阙下有两人。图下层依次是：一人持盾、一人持彗，双骑引导，后有辎车与轺车，车内有两人，后跟有一骑。外刻有双层菱形纹装饰。

图 6.3 楼阁·车马·人物图

纵 65 厘米，横 104 厘米。东汉时期。
山东枣庄出土，私人收藏。

此图中央是三层楼阁，上、中层各有三人，中为主人，左右为侍者。下层一轺车。楼阁外层分别配有鸟头、猴子、人物。楼阁外有阙形建筑，阙左右顶端均立有凤凰，下各有一鸟，左阙下三人，右阙下有两人。此石外层有双重边框，饰以菱形纹、锯齿纹。

六　建筑·装饰

图 6.4 神兽·楼阁·车马图

纵 70 厘米，横 130 厘米。东汉时期。
山东枣庄出土，原石现藏江苏师范大学博物馆。

画面中央是一阁楼，楼顶有一长耳神兽，屋檐左面有小型长耳神兽，右面有一只猴子正往上攀爬。阁楼左右上方刻画有凤凰、神鸟、跃兽、云气等装饰。阁楼内中央摆放着六博棋盘、耳杯等器物，两侧有两人对弈，旁有侍者。阁楼外停放两马车，左侧车已停好，马上亦有一神兽。右侧有一辆马车缓缓驶来，车上一人端坐，一御者挥动缰绳。画面下方有双层菱形纹装饰。

图 6.5　楼阁・捕鱼・瑞兽图

纵 91 厘米，横 128 厘米。东汉时期。
山东台儿庄出土，私人收藏。

画面中央是一阁楼，内有两人相对坐于榻上，中间有耳杯等。连接楼阁的楼梯上有三人缓步向上行走，右上附阁中有一人端坐。屋檐左上有羽人侍凤、鸟、云气纹，右面有鸟头兽身神怪与熊、另一神兽相互击掌。楼阁左下方有翅膀张开的两只鸟，下有双鸟立于鱼上。楼阁正下方有双蛇、四鱼装饰，右侧有二人罩鱼。画面右侧是垂幛纹，下方是锯齿纹。

六　建筑・装饰

图 6.6　双阙·人物图

纵 50 厘米，横 50 厘米。东汉时期。
山东滕州出土，私人收藏。

此图主要刻画了双阙，阙中央一正面人物头戴武弁大冠，阙两边各有一侧身佩剑的侍者。阙上刻有双层祥瑞，上层有三只凤鸟，鸟的姿势各有不同。下层有三只猫头鹰。

图 6.7　楼阁·人物·车马图*

纵 93 厘米，横 56 厘米。东汉时期。
山东枣庄出土，原石现藏江苏师范大学汉文化研究院。

此图的主画面是一楼阁，屋顶左右各有一只猫头鹰，屋檐右侧有一猴。屋内主人抚琴盘坐，左右各有一侍者，最右侧悬有一鱼。客人正在上楼，右侧有一侍者跪拜迎接，左侧有一壶。最下层是一马车，右有一躬身侍者。四周有波浪纹装饰。

---

* 该画像被录为日本学者林巳奈夫《刻在石头上的世界——画像石述说的古代中国的生活和思想》(商务印书馆，2010 年版) 一书封面。

六　建筑·装饰

图 6.8 楼阁·人物·阙图

纵 83 厘米,横 131 厘米。东汉时期。
山东枣庄出土,私人收藏。

图像中央为楼阁,楼阁内上层有两人盘坐,下层有两人向主人跪拜。楼阁下有正面刻画的两人乘两骑,两侧分别有两名侍者与一骑。屋檐外左右各有两猴。楼阁左右各有一阙,二阙顶端各有一对鸮,左面阙上攀有两猴,阙下左右有一对侍者。右侧阙上爬有一猴,下有一位侍者。

图 6.9　五头怪·十字穿环·祠堂图

纵 144 厘米，横 87 厘米。东汉时期。
山东苍山出土，原石现藏江苏师范大学博物馆。

此图分四层，从上至下依次刻有十字穿环纹、双龙穿环纹、祠堂、五头兽身怪。画面外层分别以垂幛纹和平行凿纹装饰，四角刻有飞鸟。这类刻有祠堂图像的汉画像石非常难得。

六　建筑·装饰

图 6.10　楼阁·拜谒图

纵 69 厘米，横 69 厘米。东汉时期。
山东滕州出土，私人收藏。

此石右下角残损。中央刻有一楼阁建筑，上层屋内有四人，分两组相对而坐，下层中央有一人拜谒主人，屋外有两侍者。屋顶立有象征祥瑞的凤鸟一对。外圈装饰有两组菱形凿纹。

图 6.11 楼阁·正面车马图

纵 68 厘米，横 72 厘米。东汉时期。
山东苍山出土，私人收藏。

此图中央是一楼阁，楼阁上层内有四人，分两组相对而坐，楼阁下有一对正面骑手，持戟。左右各有一侍者持牍相迎。外圈装饰有两组平行凿纹。

六 建筑·装饰

图 6.12　楼阁·车马图

纵 64 厘米，横 64 厘米。东汉时期。
山东滕州出土，私人收藏。

原石左侧残缺严重。画面上层是楼阁，内有两人六博、对饮，屋外有一侍者，阙外右侧刻有几只鸟，下层残留一骑与一轺车。外圈饰有两层图案，内层是双菱形纹，外层是锯齿纹。

图 6.13 亭·人物·铺首图

纵 57 厘米，横 103 厘米。东汉时期。
山东枣庄出土，私人收藏。

此图中央是一亭，屋檐上攀一猴，内有一人盘坐，左侧有一骑与一羊，右侧刻有铺首衔环，铺首周围以鸟、鱼装饰。右侧有三竖排铭文，可辨认出前四字为"永和元年"，其后文字漫漶，不可卒读。

六 建筑·装饰

图 6.14 双木·楼阁·鸟鱼图

纵 135 厘米，横 100 厘米。东汉时期。
山东滕州出土，私人收藏。

中央有一楼阁，楼阁上有一鸟，鸟左右各有一璧，楼阁两侧有双鱼对视，楼阁门前有一持戟门吏，前有两常青树。外侧刻有两层边框，中有凿纹。

图 6.15 铺首衔环·祥云图

纵 48 厘米，横 210 厘米。东汉时期。
山东苍山出土，原石现藏北京大学汉画研究所。

画面分为上下两部分，下面部分是菱形的装饰纹样，上面部分又可分为三层。第一层为祥云图案，第二层和第三层饰以垂幛纹和三角纹。上面部分左右两侧各刻有一铺首。铺首为兽面衔环形，头饰山字冠，双目圆睁，口衔大环，大环内刻有柿蒂纹，给人一种狞厉之美。

六　建筑·装饰

后记

汉画像的内容包罗万象，几乎是一部绣像的汉代历史。我的博士论文题目是《汉画像胡人图像研究》（生活·读书·新知三联书店2017年版，2018年获得上海市哲学社会科学优秀成果二等奖），这是一个颇有些难度的课题。我用了三年时间，从艺术史与艺术考古、民族史、中外文化交流、中外交通史、佛教史中找到一个突破口，顺利完成了博士论文，并有幸来到北京大学考古文博学院进行为期两年的博士后研究。在此期间我通过田野考察和理论研究，对汉代艺术进行了多维度的研究，尤其注意到汉代图像的本土化问题、宗教信仰问题以及受到的外来影响——主要是和汉帝国西部强邻贵霜王朝的互动。

在研究中，我发现徐州及其周边的鲁南、皖北和苏北的土地上虽然常有汉墓的发现，但科学发掘不多，汉画像石的流散情况严重，研究明显滞后。很多零散的汉画像石没有整理，要么散存于民间，要么躺在规模较小的博物馆中无人问津。有些十分珍贵的汉画像石流散到了远方，失去了原始的位置，再也无法恢复，成为学术上的重大损失。于是我产生了一个想法，为什么不将这些流散的汉画像石征集起来，哪怕仅仅是汉画像石的拓本，也能够成为科学研究的对象，甚至可以通过拓本将已经失去原位性的画像石墓复原起来。

江苏师范大学汉文化研究院长期以来致力于收藏、收集汉画像石图像资料，我在博士刚毕业、作为"优博"被引进江苏师大之时，有幸承担了这样一项工作。通过对这批汉画像材料的整理和研究,我有了一些新的发现。不少汉画像石表现出规律性的特点,并不为以往的研究者所关注。以徐州周边的汉画像石为例,邹城、微山、滕州、枣庄、沛县的汉画像中随处可见鱼的图像,其发现地点恰分布在微山湖周边,同汉代本地区的繁荣的捕鱼业密不可分。又如,胡人射凤题材的汉画像几乎只分布在鲁南、徐州地区,而高浮雕的汉画像几乎只分布在临沂地区,以沂南汉墓、吴白庄汉墓为代表。徐州汉画像石艺术馆中有一组精美的高浮雕汉画像石,明确出自临沂地区,可惜已经流散多处,无法复原。又如,徐州地区汉画像石中的佛教题材发现多例,如"六牙白象""胡人礼佛"等,以往学术界重视程度不足。东汉时期徐州为佛教和道教的早期分支"黄老道"发展的重要据点,很多汉画图像具有浓郁的佛教和道教色彩,同汉代文献可以对读。

怀着对这些问题的探讨,我有幸申请到了国家社科基金、教育部人文社科青年基金项目、中国博士后科学基金和江苏省教育厅项目经费的支持,并在《文艺研究》《民族艺术》《故宫博物院院刊》《国家博物馆馆刊》《中原文物》《文献》《中国典籍与文化》《东南文化》《中国钱币》《形象史学》《中国美术研究》等杂志上发表相关研究成果。2014年6月,我从北京大学考古文博学院博士后出站后,顺利到华东师范大学艺术研究所(现为华东师范大学美术学院)任教,开启了我新的人生旅程,也使我的学术研究之路升入了新的平台。

这部书有三个特点:一是新颖性,大部分材料都没有发表过,属于首次披露;二是科学性,所有图像均经过多位多年研究汉画的资深专家的鉴定和解读;三是精美程度高,所有汉画像石拓片均经过了装裱,并进行高质量的摄影,力求图像清晰,同原石误差小。同时,笔者进行了大量的民间走访,根据村民及当事人回忆还原了大部分汉画像石的出土地点,从某种程度上弥补了文物流散的遗憾。但由于笔者水平和精力所限,难免有所讹误,还请各位读者批评指正。

最后要感谢我的博士后合作导师、北京大学考古文博学院赵化成教授对本书出版的郑重推荐,感谢生活·读书·新知三联书店常绍民编审对本书出版的大力支持,感谢江苏师范大学汉文化研究院对本书出版的经费支持。感谢编辑成华的辛勤劳作,使此书得以面世。

朱 浒
2020 年 5 月 1 日

— 朱浒 —

江苏徐州人,上海美术学院美术学博士,北京大学考古文博学院出站博士后,现任华东师范大学美术学院副教授、美术史论研究所副所长、硕士生导师,上海市曙光学者,《中国美术研究》(CSSCI集刊)编辑部主任,"中印佛教石窟源流研究""汉族吸收少数民族艺术与中华民族认同研究"等两项国家社科基金重大招标课题子课题负责人,致力于美术考古、宗教美术等领域的研究。主持完成国家社科基金一般项目"秦汉神仙信仰与近年考古图像的图文关系研究"、教育部人文社科研究青年项目"东汉佛教入华的图像学研究"等课题,已在 Chinese Studies in History（A&HCI）《文艺研究》《故宫博物院院刊》《中国国家博物馆馆刊》《东南文化》《中原文物》《读书》《文献》等发表学术论文五十余篇,出版《汉画像胡人图像研究》《东汉佛教入华的图像学研究》等专著两部。现任中国汉画学会会员、中国海外交通史研究会会员、上海市钱币学会会员等。